蒙台梭利早期教育法

〔意〕蒙台梭利——著

谢妮——译

中国水利水电出版社
www.waterpub.com.cn
·北京·

内 容 提 要

　　蒙台梭利早期教育中，需要培养孩子的感官教育，培养孩子的独立性。此书是蒙台梭利的一部儿童教育著作，她主张从日常生活训练入手，配合良好的学习环境、丰富的教具，让儿童自发地主动学习，独立思考，自我发现，自我教育和自我成长。

图书在版编目（ＣＩＰ）数据

　　蒙台梭利早期教育法 ／（意）蒙台梭利著 ； 谢妮译
. -- 北京 ：中国水利水电出版社，2022.2
　　ISBN 978-7-5226-0370-4

　　Ⅰ．①蒙… Ⅱ．①蒙… ②谢… Ⅲ．①儿童教育－早期教育 Ⅳ．①G61

　　中国版本图书馆CIP数据核字(2022)第000508号

书　　　名	蒙台梭利早期教育法 MENGTAISUOLI ZAOQI JIAOYUFA	
作　　　者	〔意〕蒙台梭利 著　　谢妮 译	
出版发行	中国水利水电出版社 （北京市海淀区玉渊潭南路1号D座　100038） 网址：www.waterpub.com.cn E-mail：sales@waterpub.com.cn 电话：（010）68367658（营销中心）	
经　　　售	北京科水图书销售中心（零售） 电话：（010）88383994、63202643、68545874 全国各地新华书店和相关出版物销售网点	
排　　　版	北京水利万物传媒有限公司	
印　　　刷	天津旭非印刷有限公司	
规　　　格	146mm×210mm　32开本　8.5印张　150千字	
版　　　次	2022年2月第1版　2022年2月第1次印刷	
定　　　价	49.80元	

目录 CONTENTS

重塑教学方法

在学校里实施奖惩措施，不仅无法消除孩子身体的畸变，反而会带来新的畸变。如果为了激励孩子努力学习而采取奖惩措施，那么孩子的努力就会被认为是被迫的。

Chapter 1

对人的教育与教学的方法，最为紧要的是把人幼年时期的各项情况列为重点观察领域，要知道此时期是夯实一个人教育和文化基础的关键时期。同时，建立自然且合理的教育方法，必须对人类个体进行大量细致、合理的观察。

近些年来，很多新科学原理正逐步推动教育工作的改革。在过往的十年时间里，许多与教育学发展趋势相关的问题被广泛讨论，其中部分讨论业已超越了纯粹的理论阶段，在实验结果基础之上形成了新结论。从韦伯、费克纳到冯特，生理学或实验心理学为新型教育学奠定了良好的基础，新科学也必会推动新型教育学积极发展。形态人类学，用于研究孩子的身体状况，也是新型教育学发展的重要组成部分。

虽然教育学领域的发展态势令人欣喜，但截至目前，科学教育学仍未得以建立，也没有形成非常确切的定义。我们现在所讨论的科学教育学不过是一个笼统且模糊的存在，在某种意义上来说，科学教育学更像是一种科学直觉或科学建议。实证科学和实验科学曾经更新了19世纪的思想，因此我们可以大胆地预测，科学教育学的发展也必将迎来新的突破。

塞吉的不懈努力

几年前，在意大利，一所科学教育学校拔地而起，它由一位十分有名的外科医生创立，目的是让学校的老师加入科学教育运动。很明显，教育界察觉到了这个蓬勃兴起的新运动。

这所学校在开办伊始就得到了许多人的全力协助，不出意外，它在成立后的两三年内取得了巨大成功，引起了广泛讨论，吸引了意大利各地的老师慕名而来，还收到了米兰市政府捐赠的众多先进的科学设备。人们对这所学校寄予厚望，希望通过在这里进行的实验，建立起一门真正"培养人的科学"。

这所学校为什么这么受人们的欢迎？究其原因，主要是来自著名人类学家塞吉的重要贡献，他为这所学校提供了大量帮助。几十年来，塞吉不断地在意大利的老师中推广以教育为基础的新文明理论。他说："如今，我们的社会存在一种急切的需求，那就是必须重新建立一种教育方法。为了实现这个伟大的事业，我在奋斗，为了人类的重生而奋斗。"《教育与训练》这本教育著作是他的倾心之作，在该书的摘要中，他不遗余力地推广这个新理论。他认为，人类的发展就需要以教育人类学和实验心理学为指引，系统性地研究受教育者。

"很多年来，我一直在为形成一种指导和教育人的观念而奋斗，我考虑得越深入，就越觉得它是正确而有用的。在我看来，要想建立一种自然而合理的教育方法，就必须对人类个体进行大量、精确、合理的观察，尤其要观察一个人幼年时期的情况，因为在这段时期，可以奠定一个人教育和文化的基础。"

"测量一个人的头部、身高等，并不意味着我们在建立一种教育体系，但是它指出了通往这个体系需要走什么样的道路。如果我们要教育一个人，就必须对他有明确而直接的了解。"

这是塞吉的重要观点，同时他的声望也让人们相信：如果能掌握人类个体的知识，那么教育人的技术就会轻而易举地获得。

不过，塞吉的一些追随者未能真正理解他的这种论调，他们的想法出现了些许的混乱，一部分人只理解了字面意思，另一部分人则对塞吉的论点进行了夸张性的宣传。总体而言，他们把对学生进行实验性研究和对学生进行教育二者之间的不同混淆了。他们觉得，如果对学生的实验性研究可以成为通往对学生进行合理教育的道路，那借助这种研究，学生的教育也会自然、顺畅地发展，于是他们把事实上的教育人类学直接命名为科学教育学。他们把记载学生性格、健康、智力等情况的表格称为"传记表"，认为只要依据这些方法并在学校实施，他们的理论就会成功。

由此可见，所谓科学教育学，就是通过指导老师掌握人体测量方法，使用触觉测量仪器来收集学生心理学数据。他们认为这样便可建成一支新型的科学教育学的教学队伍。

意大利在这场教育学新运动中高举前进的旗帜，同时其他国家也加入其中，法国、英国，特别是美国，它的许多学校在小学中开展了和人类学、心理教育学有关的实验，希望能在人体测量学与心理测量学中找到学校的再生之路。不过老师们却几乎没有参与这方面的尝试性研究，在绝大多数的情况下，这种实验是由对医学而不是教育更感兴趣的外科医生进行的。一般而言，他们做出的贡献往往通过对心理学或人类学的实验，而不是通过进行实验和研究实验结果建立人们期望已久的科学教育学。

通过对这种情况的观察与总结，我们便可以发现，在学校里接受过科学训练的老师不可能达到真正的科学家水平，人类学和心理学也未涉及学校学生教育方面的问题。

实际上，学校如果想取得真正的进步，就需要在实践和思想上把现代的多种进步发展进行切实的融合，这样才能吸引科学家直接进入学校，并能使老师的水平得到显著的提升，甚至达到科学家的水准。

为了达到这样高水平的门槛，克里达罗在意大利创立了和教育学相关的大学。学校致力于提高教育学的地位，把它明确地提升为一门真正的科学，而不是过去那种只隶属于哲学的次要分支科学，并如同医学那样，把它建设成具有广泛、多样的研究领域的一门学科。教育卫生学、教育人类学和实验心理学成为与教育学密切相关的分支学科。

隆勃罗梭、德·乔凡尼和塞吉，这三位科学家通常被看作人类学发展新方向的奠基人。隆勃罗梭在犯罪人类学方面独占鳌头，德·乔凡尼是医学人类学领域的领头羊，塞吉更是教育人类学方面的领导人物。他们三个人作为所在领域众所周知的权威，在科学界发挥着重大作用。同时，他们一边培养一批有理想、有闯劲儿的优秀学生，一边还为大众宣扬他们所倡导的科学再生思想。

在学校老师和学校巡视员的努力下，意大利各个城市的科学教育学学校和人类学实验室快速地建立起来。虽然有的还未形成一定规模就惨遭人们抛弃，然而它们仍具有极大的价值——不仅因为它们代表着忠诚的信念，也因为它们为理性的人们打开了探索科学教育学的大门。

当然，这些尝试性研究都还不完善，新科学也处于发展的阶段，人们对它的理解也相对粗浅、不成熟。要知道，世界上每一项伟大的事业都不是一蹴而就的，它需要在不断失败中慢慢孕育而生。

就这样，在重建教育学的道路上，我们出现了偏差，进入了一条方向错误的狭窄小道。要想建立能真正培育后人且有旺盛生命力的教育方法，就必须迷途知返，找到正确的道路。

对老师进行实验科学方法培训肯定不是一件容易的事情。因为即便我们尽可能使用最正确的方法，使得他们对人体测量学和心理测量学了如指掌，那也只不过是创设了一种教学机器，而这些教学机器的应用有很大的不可控性。

在现实中，假设以此种模式指引老师们进行实验，那么我们只能永远地困在理论领域。以前旧的学校依照形而上学的哲学理论对老师进行培训，是为了让老师掌握被认为是权威的思想。在培训时，他们口若悬河、激情澎湃地讨论着这些权威思想，并如饥似渴地学习着它们。只不过，我们期望中的科学老师不仅需要熟悉教学仪器，还要能够实际操作这些仪器，同时还需要通过一系列典型的实验对老师进行相关的智力培训，使他们掌握一定的实验知识和技能，至少能用简单、机械的方法进行这些实验。

尽管这样，老师之间还是没有本质的差别。因为最本质的差别不会表现在外部技术上，而是更多地存在于人的内在精神中。目前培养的新型老师，仍然徘徊在真正的实验科学的大门之外，尚未真正进入科学的实验领域。然而，在最精尖、意义最深远的科学实验研究领域，真正的科学家可以通过科学的实验培育出来。

那究竟什么样的人才是真正的科学家呢？对此目前还没有准确的定义。那些懂得如何操作物理实验室实验仪器的人，掌握并能安全处理化学实验室各种化学反应的人，知道如何制作生物实验室显微镜下观察的生物标本的人，或许都会被冠以科学家的头衔。然而现实情况却是，科学家的助手往往比科学家本人更精通实验技术，所以科学家的助手也不可能是我们所想的真正的科学家。

真正的科学家不会是那些可以熟练地操作实验仪器的人，而是大自然的崇拜者，对大自然的狂热从外表就可以体现出来；真正的科学家是在实验室里埋头研究而丝毫不在意自己衣食的人；

真正的科学家是那些日复一日地在显微镜下进行观察而导致视力丧失的人；真正的科学家是可以为了科学献身而把致病病菌接种到自己身上的人；真正的科学家是那些明知某种化学实验有致命的风险而仍然坚持试验其理论的人。这些都是从事科学的人所具有的高贵情操。只有这些通过实验来探索生命奥秘、追求生活真谛的人，为揭开种种神秘现象的面纱不遗余力、奋勇前行的人，对大自然的神奇奥秘怀有十分强烈的好奇心以至于自己都无法控制的人，才可以被称为真正的科学家。

对于一个科学家来说，其"精神"的意义远远大于"机械技巧"。当"机械技巧"被"精神"收服的时候，科学家就攀登到了他成就的最高峰。当到达此处，他对科学的贡献就发生了质变，因为他不仅揭开了大自然的奥秘，而且对纯粹的思想进行了哲学的综合。

因此，我们建议应当对老师培养这种为科学而勇于献身的科学家精神，而不是教授简单的机械操作技巧。简而言之，对老师的培养要朝着"精神"的方向，而不应是"机械技巧"。如果我们只对老师进行科学技术的培训，那么我们就不可能有机会让这些小学老师变成令人敬佩的人类学家、专业的儿童卫生学家或实验心理学家。我们能做的就是先将他们引入实验科学的领域，然后再教他们尽可能熟练地操作各种仪器设备。不过，为了达成最终的目标，现在我们希望能通过学校这一专门机构对老师进行指导，引领他们走进内心深处真正渴望的科学精神的大门，拓展他们的思想，使他们拥有更美好的未来。换言之，**我们更希望将老师对各种自然现象的兴趣在他们的脑海和心灵深处唤醒，从而让他们能真正热爱大自然，届时他们将会理解一个人从准备进行实验，然后急迫地期盼从实验中解决某一问题的那种紧张与满怀期待的心情。**

如果想要了解大自然，我们就必须懂得如何操作和使用实验仪器。实验仪器如同26个字母，对于字母，虽然我们都认得它们，但由它们组成的一部蕴含伟大思想的书，我们却很难读懂。这就好比，如果仅仅学会了机械地拼写教材中所有的单词，就妄图以同样的方式弄明白莎士比亚剧本中那些单词的真正含义，这简直是无稽之谈。

各种字母只是组成书的外部符号和文字，就像大自然通过实验的机械装置，向我们展示了它无法穷尽的现象一般，在向我们吐露着它的奥秘。所以我们不能把对老师的培训只局限于技术能力方面，如果是这样，他们也只能停留在技术水平这一层级，而不可能掌握真正的科学知识。我们必须把他们培养成为大自然的崇拜者和解释者。他们必须学习单词拼写，只有这样，他们才可能在某一天突然发现自己具有能理解莎士比亚、歌德、但丁作品的能力，进而才可能发现隐藏在文字符号后的思想。

可以看出，二者之间的差别很大，如果想要达到后者水平，前者必然要走一段长长的路。然而，在这里我们却犯了一个很明显的错误。我们通过教授人体测量学和心理测量学来培训科学教育学老师的这种做法，就像把刚掌握了课上所有单词的一个孩子放进一座图书馆一般。在这种情况，下孩子觉察到自己"只知道如何机械地去理解书的字面含义"，而无法理解书的真正内涵。他们会瞬间失去信心，还需要返回学校继续深造，这些受培训的老师们的情况也正是如此。

先不谈培训真正的科学教育学老师时将会遇到的各项困难，甚至也不需要对培训科学教育学老师的培养方案做一个概括性的描述，因为这样会引发不必要的讨论。反过来，让我们先做一个假设，假设经过我们长期、耐心的培训，相关的老师已经做好了进行自然观察的准备。比如，我们把他们引导至研究自然科学的科学家那里，使之感受科学家所具有的忘我工作精神。这些科学家大都会在夜间行动，走进树林或者田野观察昆虫。

如果有这样一位科学家，尽管由于劳累导致身体不那么灵活，但他仍然充满了警觉，细致地隐藏起自己，以便更好地对昆虫进行观察。我们假设这群老师到了这位科学家那里，而科学家却对他们视而不见，仍然在显微镜下观察着他的微生物。对于这位科学家而言，这些生物以自己的模式相互接触，并以自己的方式选择食物，显而易见它们有着低下的智力。然后，他废寝忘食地通过各项实验对这些生物进行细致研究。正在此时，一些老师过来让他回家吃饭，打断了他饶有兴趣的观察。

现在让我们来假想一下，如果老师们不依赖科学的训练就已经具备观察自然现象的能力，并在工作时进入了忘我、振奋的精神境界。这当然很好，但还远远不够。事实上，老师有其特殊的使命，他要真正懂得他观察的对象是人，而不是昆虫或细菌。他不能像研究昆虫的科学家那样，早上一起床就开始观察昆虫活动，老师要研究的内容是人在清醒时的智力活动。

我们期望培养老师对人类研究的兴趣，这种兴趣必须具有如下特征：观察者和被观察的个体之间具有亲密的关系。而动物学或植物学的研究学者与他们研究的动植物之间不具备这种亲密的关系。

我们想象这样一个人，他是一位植物学家或动物学家，拥有丰富的观察技术或实践经验，可以为了研究"某种真菌"而长期在野外观察。他在野外进行了详细的观察，之后又返回实验室，借助显微镜等一切实验仪器，尽最大可能进行着他独创的科研工作。他知晓研究大自然的重要意义，为了进行这次实验研究，他研究并掌握了现代实验科学所提供的所有工具和手段。这样的研究者是一名真正的科学家。

让我们接着想象，一所大学看中了这名科学家以及他所做的独创性研究工作，并任命他为大学科学院的主任，他的任务是利用某一种昆虫进一步开展他独创性的工作。有人给这名科学家一个盖着玻璃盖的盒子，盒子里装满了美丽的蝴蝶，它们张开着翅膀，被一些大头针固定住了，一动不动——蝴蝶被制成了标本。在这位科学家眼里，这只是小孩子的玩意儿，并不是可以应用于科学研究的材料。更准确地说，孩子们追逐蝴蝶，并用网捉住了它们，然后制作了蝴蝶标本，这样的行为在这位科学家看来就是小孩子的游戏。如果用这样的东西进行实验研究，那么这位科学家将会一事无成，也得不到任何有价值的实验结果。

如果把一位按照我们的要求进行了科学培训的老师安排进一所公立学校，那么他同样会遇到上面提到的境遇。因为在公立学校，严格的约束是司空见惯的，孩子们不可能无拘无束地展示自己的个性特点。在这样严苛的学校里，孩子们就好像盒子里被钉住的蝴蝶标本一般，被约束到属于他们自己的地方——课桌椅旁边，在那里扑闪着他们所获得的贫乏的、缺少意义的知识翅膀，这样的翅膀已经不能为他们提供一跃而起、直飞云霄的能力。

当然老师们只有科学的精神还不够，我们还必须为他们准备好学校，让他们有条件进行科学观察和科学实验。如果在学校里诞生了科学教育学，那么学校就必须放松对儿童的约束，让他们得以展示自由自在、无拘无束的个性。对于学校而言，这是一种根本性的改革。

没有人敢说，我们现在的学校已经有了这种科学教育学。事实上，的确有一些老师受到卢梭教育思想的影响，提倡给孩子们自由，并且提出了一些异想天开的想法和不切实际的愿望。然而，这些老师并未真正懂得究竟什么才是真正的自由。他们错误地把真正的自由等同于鼓励人们反抗奴隶制度或者社会自由。虽然社会自由是一种更崇高的理想，但它仍然受到了限制。社会自由就像是雅各梦中所见的天梯的一级阶梯。换而言之，它是一种不完整的自由，只是一个国家、一个阶级或一种思想的解放。

相对来说，教育学里的自由概念是很宽泛的。19世纪时，生物科学在为我们提供研究生命的手段的同时，也向我们展示了这种自由。因此，我们要了解的是，当旧式的教育学有预见性地或模糊地表达了"对学生进行教育之前要先研究他们，要让他们能够自由地展示出自己的个性"这种不明确的直觉思想时，这是实验科学做出的贡献。我在这里只是阐明一种观点，并不是要辩论或讨论这个问题。当有人说今天的教育学中已经具有自由原则时，那么我们肯定会笑他，因为这种认识就像他是那个孩子，站在那个装着蝴蝶标本的盒子面前，坚持说蝴蝶还活着，还能飞翔。

起初，学校里只有一些长且窄的板凳，学生们挤坐在这些板凳上。后来，科学进入了学校，它改进了这些板凳。对于改进板凳，人类学发挥了巨大的作用。结合学生们的年龄大小与身体高矮，学校将学生的座位设计成合适的高度，座椅和课桌之间的距离也经过了精确计算，使孩子们坐着听课得以保持直立的姿势，防止脊柱发生弯曲变形。后来，学校又把学生的座位隔离开，并且认真计算了各个座位之间的宽度，使每个座位上只能勉强坐下一个人，学生坐在座位上时根本无法自如地活动。学校之所以这样设计，是为了把学生与他们的邻桌隔开，防止出现不道德的行为，并且他们的一举一动也都能被老师看见。

在教育中，只要一谈到有关性的道德准则，就会被人们认为营养不良。例如，矿工们每天都要长时间地弯着腰工作，导致他们的腹股沟非常容易破裂，但是他们并没有要求配备支撑腹部的物品，而是要求减少工作时间并改善工作条件，希望能像其他人那样过上健康幸福的生活。

在同一个时期，当我们发现孩子们在学校里的环境并不健康，桌椅会使他们的脊柱发生变形，阻碍他们的正常发育时，我们的应对措施是，设计一种科学的板凳，以矫正他们变形的脊柱。这样做大错特错，就像给矿工提供腹部支架或给吃不饱饭的工人提供砒霜一样。

不久前，就有一位女士颇为得意地向我展示了一个叫作保护架或者支架的学生使用装置。她认为自己发明的这种装置完全可以起到学生所用板凳的作用。她认为我会赞同和支持与学校有关的所有科学革新。

针对脊柱弯曲，外科医生也有很多治疗的措施。例如"悬挂疗法"，它用整形仪器和支架把孩子的头或胳膊定时悬挂起来，以利用他的身体重量伸展并拉直脊柱。现在学校里都有这种课桌形状的整形仪器，非常受欢迎。甚至还有一些人表示，使用支架对孩子们进行脊柱支护，也就是使用"悬挂疗法"来矫正学生的脊柱变形。这样做无异于给学者们上了一堂系统的课。

上述的一切都是人们把科学的方法应用于落后的学校所产生的必然结果。很明显，真正让学生脊柱不发生变形的方法是改变学生的学习方式——不要总让他们一天到晚保持不利于身体健康的姿势。学校需要做的是给予孩子们自由的空间，而不是改进板凳的构造。

退一步说，即便这种固定不动的课桌、板凳对孩子的身体发育没有伤害，但由于它们没法移动，使得教室很难被彻底打扫干净，教室里总是会有堆积的灰尘和污垢，整个环境很不卫生，也会威胁孩子们的健康。

现在，各个家庭的家具都发生了重大变化，它们变得更轻、更简洁，可以方便地移来移去，人们清洗、打扫起来也十分容易。但是，这种社会大环境的转变并未影响到学校，学校依然故步自封，坚持着原来的错误做法。

由此，我们需要进一步深思，在学校这种具有束缚的环境中成长以至于脊柱都变形了的孩子们，他们的精神世界是什么样的呢？当我们讨论工人补偿时，人们通常认为是要消除工人诸如贫血或疝气之类的痛苦。其实，工人还有其他的隐痛，那就是他们的心灵也遭受了奴隶般束缚的折磨。当说到必须用更多的自由来弥补工人的损失时，我们指的就是弥补他们更深层心灵上的损失，也就是应当解除工人的心灵受的折磨。我们非常了解，当一个人的血液被耗尽或者因长时间的工作而饥饿难耐时，他的心灵就会被黑暗侵蚀，进而变得毫无知觉，甚至内心会被完全摧残。

那么我们面对儿童教育的问题，应该怎么办呢？

对于老师的困境，我们十分了解。平常在课堂上，老师需要向孩子的头脑灌输一些碎片式的、枯燥的知识。老师为了完成这不过，也确实存在一种对人类有益的奖赏。比如，当一位演讲者看到观众的表情随着他的话语而不断变化时，他会感到非常高兴，因为他发现人们是喜欢自己的。我们的欢乐来源于感动并征服别人的灵魂，这是一种奖励，能够带给我们真正的补偿。

我们偶尔会幻想自己是这个世界的伟人，由此获得的幸福会成为平静地生活下去的动力。我们之所以感到幸福，也许是因为得到了他人的认可或喜欢，也许是因为收到了一个孩子的礼物，在这些时刻，我们觉得这个世界没有人比自己更伟大。如果此时有所谓的权威人士站出来给我们颁发奖牌或奖赏，就会破坏我们的幸福，阻碍我们得到真正的奖赏。

快乐会促使人的心灵更加美好，而惩罚会让心灵受到束缚。惩罚可能会使那些在恶劣环境中长大的人的性格变得更加不好，但是此种情况很少，它不会影响社会，也不会阻碍社会前进的脚步。如果我们不能遵纪守法，那么相关的刑事法规就会用惩罚来制约我们。但是，我们不会因为害怕惩罚而变得忠诚老实。之所以我们不去抢劫、不去杀人，是因为我们在心里热爱和平，生命的本性引导我们向前发展，让我们明确地远离那些低俗、不健康的行为。

对于正常人来讲，真正意义上的惩罚就是意识不到个人力量的伟大，这才是一个人精神生活的源泉。在这样的情况下，教育经常会对人起到帮助作用。现在，当学生进入学校后，我们用课桌、物质奖惩等会损害他们身心健康的工具来限制他们的活动，这样他们就会坐着不动、保持着安静，但这会把他们引导到哪里？这样的做法通常不能把他们引向明确的目标。

我们对孩子的教育，通常是向他们的头脑中灌输学校计划好的知识内容。这些教育计划经常是由官方的教育部门编制的，而且法律规定，老师和孩子必须按照这些计划教授和学习。

唉！愚钝、无知的无视生活的情绪正在孩子们的心中无声地滋生。看到这种情况，羞愧与内疚充斥在我们的心头！

巴黎专门待了一段时间，可以说是全心全意地投入儿童教育的实际工作中。

从上午8点一直到晚上7点，我一直在为孩子们上课。从这个意义上说，我就是一名小学老师。得益于这两年的教学实践，我获得了教育学方面的第一个学位，这是我得到的一个真正的学位。在刚开始从事与有缺陷儿童相关的工作时，我就相信在教育智障儿童方面，我所使用的方法是与众不同的。与人们正在使用的方法相比，我的教育原理更加合理。凭借这一方法，智力有缺陷的孩子能够获得进步与发展。我对此感触颇深，这一教育原理深深地植根于内心，在我为了寻求更好的教育智障儿童的方法而离开学校之后，它基本成为我的全部思想。我慢慢相信，如果在正常儿童身上应用相同的方法，那么它们将会发挥不可思议的作用，全面地解放和发展孩子的个性。

虽然我还不知道能否验证自己的思想，但被一种伟大的信念所鼓舞，也为了拓展和深化这种观念，我放弃了一切其他的工作，注册成为一名大学哲学系的学生，真正、详尽地学习矫正教育学，希望能从事正常儿童教育学及其原理的研究。我做好了充分的思想准备以承担这项未知的任务。

法国大革命时期，一位外科医生的工作对智障儿童教育方法的探索起了重要的引导作用。那位外科医生曾取得了显著成就，这项成就在医学史上占据了显赫的位置。这位医生是医学分支学科——耳疾的奠基人，他首次尝试对人的听觉进行教育。他曾在巴黎的一个聋哑人机构进行实验，并成功地恢复了那些还未完全丧失听觉的人的听力。后来，他又花费了八年时间去照管一个被人们称为"阿威龙野孩"的智障男孩。在治疗人们听觉能力方面，这位医生的方法取得了良好的效果，他还把这些方法扩展到治疗人体所有感知功能的疾病上。

伊塔德（特殊儿童教育之父）的教育学著作也很有趣，里面详细地记载了他的教育成果与经验。那些读过他作品的读者都认为，这些教育成果和经验实际上是人们在实验心理学方面进行的最早尝试。只是真正完整的智障儿童教育体系是由爱德华·塞昆建立的。塞昆最初是一名老师，后来成为一名外科医生。他从伊塔德的教育经验出发，对精神病院智障儿童进行了长达十年的研究，还将这种经验应用在了巴黎鲁皮加勒的一所小学。1846年，他在一本名为《智障儿童教育中的心理卫生治疗》的书中第一次阐述了这种方法。之后，塞昆移民去了美国，他在美国建立了众多用于教育智障儿童的教育机构。在总结了自己二十年的工作经验以后，塞昆出版了《智障儿童教育中的心理卫生治疗》的第二版，来阐述自己的教育方法与理论。第二版的书名与第一版明显不同，是《智障儿童及其生理学方法治疗》。塞昆在此书中详细地解释了他的教育方法，并将其称为生理学方法。他没有在这本书的标题中提及用于"智障儿童教育"的方法，他陈述的是用心理学方法来治疗智障儿童。

我在精神病诊所做医生助手时，怀着极大的兴趣阅读了塞昆性；另一方面，它还具有教育重要性，这一点基于对幼儿进行教育时采用的教育方法。目前我正在研究这种教育方法，并用它进行试验。

前面提到塔拉莫先生的邀请给了我一个极好的机会，使我可以把智障儿童的教育方法应用于正常孩子的教育。我这里所说的正常孩子并没有到上小学的年龄，而是和婴儿收容所里的婴儿差不多大。

如果说智障儿童和正常孩子的智力有相同的可能性，那么这种情况肯定出现在他们非常年幼的时期，因为这时他们还没有发育的能力。在某些情形下，那些智力还没有发育的孩子与此类似。

对于婴儿来讲，由于他们还无法协调运用肌肉功能，因此走路会不平稳，无法完成像系扣子、脱衣服等正常的生活活动。他们的眼睛等感觉器官的适应性调节能力，也未完全发展并完善。语言作为人类最基本的行为，通常在非常年幼的婴儿身上也没有发育完全，他们会有语言缺陷。注意力不集中、常常摔倒等，正常的婴儿和智障婴儿都会有这样的表现。普雷耶在对孩子的心理学研究中，也阐明了由疾病引起的语言缺陷和正常孩子发育过程中的语言缺陷是相同的。

那些帮助智障儿童智力发展的教育方法，同样也有助于幼儿的发育。因此，我们对其加以调整，让它们用于正常孩子的教育。许多儿童的暂时性缺陷之所以会变成永久性缺陷，例如语言缺陷，就是因为在婴儿发育这个最重要的阶段，即在3～6岁身体最主要器官形成并建立功能的时期，没有足够重视身体的发育情况，由此使一些永久性缺陷得以形成。

这一切说明，我在儿童之家的教育实验非常重要，是我所做的一系列实验取得成果的代表。我在这些实验中，尝试着把教育智障儿童的方法应用于对正常孩子的教育中。这一工作不单单是应用任何一种形式，它是塞昆教育幼儿简单且纯粹的一种教育方法，相信任何看过塞昆著作的人都能很容易地注意到这一点。不过可以肯定的是，这两年的教育实验奠定了对正常孩子教育的实验基础，这种实验基础可以追溯至法国大革命时期，它代表着伊塔德和塞昆两个人一生最热爱的事业。

在塞昆第二本书出版了三十年之后，我又拾起了他的教育思想。塞昆从他的老师伊塔德那里继承了这一事业和思想，而我则精神饱满地继续从事着这位伟人的事业。在这十年中，我不仅遵从他们的教育方法进行实验，而且还通过自己深度的思考，对这两个崇高、神圣的伟人的著作中的思想进行了消化和吸收。

从某种意义上来说，我十年的教育实验工作可以看作对伊塔德和塞昆两人四十年工作成果的总结。从这一点来说，先前进行的五十年的辛勤工作，为这短暂的两年实验工作打下了基础，从伊塔德到我，这些实验代表着几位外科医生持续不断的工作。它在一定程度上说明，我们已经向精神病治疗法的正确道路迈出了第一步。

　　自由本身是灵活的，纪律建立在自由的基础上，也必须是灵活的。观察教学法是在孩子自由的状态下进行的，这条重要原则对于那些奉行一般教学法的人来说，是很难理解的。一个孩子如何在自由的班级里遵守纪律呢？当然，在蒙台梭利教育体系中，纪律的概念同大家普遍认为的是不一样的。如果是在自由基础上建立的纪律，那么纪律本身也离不开灵活。我并不认同只有当一个人像哑巴一样沉默不语或是像瘫痪病人一样一动不动才是守纪律。这样的人只能说是失去了自我，并不是遵守纪律。

　　如果老师想让孩子终身受益，并让他们的自制能力不断完善，那么就要具备引导孩子遵循纪律的特殊技能。一旦孩子们从坐着一动不动发展到能走动，那他们就不再是为学校学习，而是为自己学习。他们将通过自己的学习与实践变得很有能力，在社会或团队活动中谈吐自如、举止得体。学校环境只是塑造孩子性格的一部分区域，这样的区域还可以延伸至社会环境。

　　当然，孩子的自由不应该侵犯集体的利益。也就是说，在行为方式上，孩子应该达到能被人们普遍认可的程度。因此，我们必须时刻留意观察，看孩子是否表现出冲撞或激怒他人的行为，以及粗鲁或不礼貌的行为。至于孩子的其他行为，不管是什么样的，也不管是如何表现出来的，老师要做到的重要一点是不要制止，并且进行密切的观察。接受过科学训练的老师，不仅要具备足够的能力，还要有意愿去观察孩子的这些行为。**在蒙台梭利教育体系中，老师的角色是被动的观察者，老师不能主动地对孩子施加影响力。老师的这种被动性，伴随着一种对孩子心理的强烈的好奇心。同时，老师也必须尊重观察到的一切，必须理解和遵守观察者的立场。**

人类在幼年时期表现出来的个性十分宝贵，如同早晨初升的太阳和含苞待放的花朵。我们必须尊重孩子初次展现的个性。这一原则肯定适用于那些在学校首次展现出自己心理的孩子。令人恐惧的是，我们可能会扼制孩子刚开始表现出来的某些积极自发的行为，并且不知道这样做的后果。当我们这样做的时候，也许扼杀了孩子的精神生命。任何教育行为，如果它是有效的，那么就必须能帮助个体充分发展。要想达到这样的效果，我们就必须避免抑制孩子的自发行为以及任意强加给孩子的做法。对于没有接受过科学观察训练的老师，为了让他们适应这种新的教育方法，需要对他们进行必要的训练与实践练习。尤其是对于那些习惯于普通学校旧式教育方法的老师，更加有必要接受这样的训练。在学校训练老师的经历，更加让我看到新旧两种教育方法之间的巨大差异。即便是一个极其聪慧、理解了新教育原则的老师也会觉察到，把它付诸实践是非常困难的一件事。他们不明白自己要从事的新工作将是被动的，就像天文学家只能坐在望远镜前观察地球在太空中快速运动，但什么也不能做一样。为了研究和探索孩子内心的秘密或指导他们的活动，我们必须在不加任何干扰的条件下观察和了解他们。在我看来，这样的观点或许很难被人理解，也很难付诸实践。

很长一段时间以来，老师的职责就是约束孩子的行为。只有经过训练，老师才能完全学会如何成为学校的自由活动者。当老师初到儿童之家的时候，她做不到让孩子保持良好的秩序并安静下来。这种情况会让老师很为难，她不知道应该怎么办。在这种情况下，我们不断地告诉老师，开始的时候班级很混乱是必然的。然而，老师还是会手足无措。因此，我们不得不要求老师只观察孩子，而不需要做其他的任何事。但老师请求说，如果是这样的话，她还不如辞职，因为她觉得一名老师不应该是这样的。

从旧学校来的这个老师会觉得很空虚，有时会向旁人求证自己是否适合这样的新工作。事实上，如果不经过科学的训练与准备，老师总会感到困窘、无助。不过，如果老师拥有丰富的实验心理学的科学知识和实践经验，那么她就能快速地适应这个工作，进而创造自己职业生涯的奇迹。慢慢地，老师会明白，孩子的哪些行为应当被制止，哪些行为应当被观察，而这才是她的责任所在。

《我的百万富翁叔叔》是作家诺塔利的现代习俗批判小说。在这本书里，诺塔利记述了一个极具说服力、代表旧式教育方法的案例。叔叔小时候十分调皮，把整个小镇闹得天翻地覆。后来，叔叔被送到了一所学校，那里的人们都叫他"福福"。在这所学校里，叔叔第一次经历了自己想做善事的心路历程。那一天，叔叔看到了美丽的小姑娘福费塔，发现她非常饿却没有吃午饭，他的内心第一次掀起了波澜。书里面是这样写的：

"他向四周看了看，又看了看福费塔，然后抓住自己的小午饭篮子站了起来，把篮子放在了福费塔的怀里，什么话也没有说。

"接着，他跑开了。他不知道自己为什么要这样做，他低下头，突然大声地哭了起来。他也不知道自己为什么会哭。

"他以前从没看到过这样满含泪水的、伤心的眼睛，他感觉很惭愧，因为自己竟然在一个如此饥饿的人面前吃东西。

"他不知道怎么表达自己内心的这种想法，也不知道怎么开口让福费塔接受自己的午饭篮子，更不知道怎么合理解释自己给她午饭的行为，他只有将自己的想法深深地放在心里。

"小姑娘福费塔非常困惑，飞快地跑向他，然后温柔地将他遮住脸的双臂挪开。

"小姑娘轻声地说：'别哭，福福。'她的语气中带着一种恳求的意味，就好像在和自己喜欢的布娃娃说话一样。她的脸上充满了友爱，目光也十分专注，一举一动都很温柔。

"紧接着，小姑娘亲了一下他的脸颊。我的叔叔再也抑制不住内心的冲动，他伸开双臂抱住小姑娘，没有说什么，只是流下了眼泪，他也亲了一下小姑娘的脸颊。之后，他用力地吸了一口气，然后擦干脸上的泪痕，笑了起来。

"这时，从院子的另一端传来了一阵刺耳的响声。

"'你们两个人在做什么？快，快点进教室！'

"说话的是他们的老师，也是他们的监护人。她的这个行为十分鲁莽，就像简单粗暴地处理两个孩子打架一样，扼制了叛逆者内心的第一次波动。

"所有人都必须遵守规则回教室。"

最初的时候，儿童之家的老师就和上文中的老师一样，没有观察和识别孩子行为的性质，总是不自觉地要求孩子"不许动"。

我可以举一个例子：有一次，一个小女孩召集了一群小伙伴们到自己的身边，她站在伙伴们的中间，一边说着什么，一边做着各种手势。老师们看到这个情景后立即跑了过去，抓住小女孩的手臂，并且告诫她不要这样做。其实我观察了这个小女孩，她当时只是在扮演一个老师或母亲的角色，教孩子们做早祷，教他们祈祷和画十字架。

还有一个例子：有个孩子常常做一些无视纪律的调皮行为，于是大家都认为他十分叛逆。有一天，这个孩子小心翼翼地搬动桌子时被老师看到了，老师立刻要求他站在那里别动，因为即使他非常小心，也弄出了很大的噪声。实际上，这个孩子搬动桌子是想好好表现一番，这一本该值得尊重的行为被老师制止了。不过从那天之后，这个孩子真的发生了变化，不管是搬动东西还是在桌子上摆放东西，他都像别的孩子一样安静地去做，没有再制造噪声。

这样的事情经常在儿童之家里出现，比如当老师准备把使用完的教具放回盒子里，有的孩子就会走过去拿起教具，然后模仿老师的动作。而老师看到孩子这样做之后产生的第一个想法就是赶紧让他返回座位，这时老师会说："不要动！回到你的座位上。"然而事实上，这个孩子模仿老师的动作只是在表达自己想成为像老师一样有益的人。本来这是一次教会孩子将东西有序摆放的好时机，却被老师浪费掉了。

一天，一群孩子围在一起，他们中间放着一盆水，一些玩具漂浮在水面上。他们有说有笑地玩闹着。这时，一个两三岁的小男孩独自一人站在一旁。很明显，他对这群围成圆圈的孩子以及玩具很好奇。我产生了兴趣，站在不远处观察那个小男孩。只见他先是靠近那群孩子，尝试挤进那个圆圈里去，然而失败了，因为他不够强壮。接着，那个小男孩站在那里，观察了一下四周。当时我非常希望能有一台照相机把小男孩的表情和他接下来的一连串动作拍下来。小男孩看到了一把小椅子，于是他似乎冒出了一种想法，想把椅子放在这群孩子的后面，然后自己爬到椅子上去。小男孩的脸上露出了兴奋的表情，他向椅子走了过去。但就在这个时候，老师做出了一个非常残酷的行为——他将小男孩抱了起来，然后越过其他孩子，让小男孩看到了围在中间的水盆，并说："来，可怜的孩子，看吧。"

显然，小男孩看到了水盆里的玩具，但他不是依靠自己的力

量看到的，自然也无法体会到自己战胜困难的喜悦。**其实看到玩具并不能说明什么，但是他为实现这一目标而做的努力是开发他内心智慧的开始**。在这个例子里，孩子的自我教育被老师打断了，并且没有任何弥补的可能。这个小男孩原本想成为一个征服者，但一双手臂阻止了他，他没有任何能力反抗。我注意到，孩子脸上急切、高兴和满怀期待的表情渐渐消失了，留下的只有那种知道别人会提供帮助的傻傻的表情。

有些老师不喜欢我的观察方法，开始放任孩子的行为，允许他们为所欲为。我会看到有的孩子把脚放在桌子上，有的孩子不停地用手抠鼻子，有的孩子甚至会冲撞别的小伙伴，脸上还露出了暴力的表情。对于孩子们的这些行为，没有任何老师出面制止。后来，我不得不干预，详细地告诉老师孩子们的哪些行为应当绝对制止、哪些行为应当逐渐制止，以及哪些行为是孩子坚决不能做的。只有老师明白了这些事情并采取正确的方法，才能帮助孩子逐渐分辨出哪些是好、哪些是坏。

一旦这样维持纪律的方法被采用了，就必须坚持下去。对于老师来说，最开始的日子是最难坚持的。**为了让孩子遵守纪律，他们接受的第一个教育就是学会分辨好与坏**。而老师的职责就是观察孩子有没有将好与坏的概念弄混淆，因为这些概念在以前旧学校的纪律里常常被混为一谈。之所以要这样做，是因为我们要建立的是积极的、有效的、有益的纪律，而不是僵化的、被动的、顺从的纪律。

当孩子们在教室里走来走去时，他们会安静地、自发地做一些有益的、充满智慧的活动，而不会出现任何粗鲁的行为。我认为，这样的孩子才是真正遵守纪律的孩子。

在传统学校里，老师会给每个孩子分配一个空间，叮嘱他们一排排坐好，让整个教室安安静静的，和集会一样秩序井然。这是集体教育的开始，我们需要达到这样很有秩序的效果，比如当参加音乐会或听讲座时，必须保持安静坐在自己的座位上。但我们知道，这样的状态即便是成年人，想完全做到也不容易。

个性化纪律建立了之后，我们将安排孩子保持秩序，在自己喜欢的座位上坐好。我们这样做的目的是让孩子明白，保持秩序是一件好事，会让人愉悦。经过反复的练习之后，孩子就能安静地坐在自己的座位上了。**这不是强迫他们接受的结果，而是教育的结果。**在这个过程中，最重要的是让孩子明白其中的道理，而不是强迫他们遵守集体主义原则。当明白了道理后，孩子就不再不管不顾地站起来、大声地说话或胡乱坐着了。而且，如果他们再出现站起来或大声说话等行为，那就是因为他们想这样做。换句话说，他们是自发地离开安静且有秩序的状态，做一些自己想做的事，这是可以理解的。当他们知道这些行为是不被允许的后，就会记住，还学会了分辨好与坏。日子一天天过去，孩子将学会遵守秩序。实际上，他们已经学会了自我反省。等到孩子真的懂得保持秩序之后，我们就会看到他们的行为从无序变得自发且有序。

经过训练之后，孩子有可能产生选择自我行为的倾向。一开始，人们常会将这种倾向与不自觉且无序的行为弄混。但要相信，只要坚持下去，孩子将能清楚地展现出个性，获得真正的自由与独立。

有的孩子会安静地坐着，看起来无精打采，对什么都没有兴趣；有的孩子不愿意在座位上坐着，而是四处走动，还会与别的孩子吵架或是将木块和玩具丢得到处都是。再到后来，有一些孩子会出现明显具有判断性的行为，比如把一把椅子搬到一个特定的地方，然后坐了下来，或者从别的地方搬来一些桌子，按照自己的想法布置它们。

由于孩子独立的个性并不是与生俱来的，再加上他们也是社会中的一员，行为会受到各种各样的限制，我们在对孩子进行教育时，必须以自由为基础，以此来帮助他们摆脱限制和束缚。也就是说，我们应该用科学合理的方式对孩子进行训练，帮助他们减少限制个性发展的社会枷锁。

独立性

自由是以独立为前提的，因此，我们必须解放孩子的个性，使他们得到自由，可以积极地表现自己，进而通过自己的活动逐步达到独立。从断奶的时候开始，孩子就踏上了独立的道路。怎么判断一个孩子断奶了呢？实际上，当一个孩子不再依赖母乳，而是可以用其他的食物替代母乳时，就表示他断奶了。虽然一开始他可能局限于一两种营养食品，但是他获得了一定程度的自由，可以选择自己的食物了，对他来说，维持生存的方式更多了。

当孩子处于婴儿期时，他们还不会走路，不会自己穿衣服、洗衣服，也不会用清晰的语言表达自己的需求，所以从某种程度上来看，他们仍然有很强的依赖性。也就是说，他们仍处于受控于成人的阶段。**当孩子到了3岁，他们就可能获得一定程度的独立和自由，开始真正地表现自己的想法和需求了。**

所有针对孩子的教育活动，要想是有效的，就必须以帮助他们走向独立为前提进行。我们必须帮助孩子学会走路、跑步，以及上下楼梯等基本技能，还要帮助他们学会捡起掉落的东西、自己穿脱衣服和洗澡、清晰地讲话并表达自己的需求。这一切都是独立教育的一部分。在我们必要的帮助下，孩子才能获得各种能力，实现真正的独立。

如今，我们总是习惯性地伺候孩子。这样的做法很危险，因为这不仅是在奴化孩子，还会抑制他们自发的有益活动。人们普遍认为孩子如同木偶，对待他们就如同摆弄洋娃娃一般，需要喂他们吃饭，给他们洗澡。但是，没有几个人会考虑这些缺乏各种能力的孩子的真实感受。孩子应该自己做这些事情，因为大自然赋予了他们进行各种活动的内在需求。而我们要做的是，为孩子创造做这些事情的环境。如果一位妈妈没有教孩子如何握住勺子并把它放进嘴里，没有为孩子示范应该怎么做，那么这位妈妈是不称职的，她只是把自己的孩子看作一个洋娃娃。这位妈妈的做法破坏了孩子最基本的做人的尊严。

大家都知道这样一个事实，教一个孩子学会自己吃东西、洗衣服和穿衣服是一件十分痛苦、困难且乏味的事情，它需要付出的耐心远远超过了直接喂孩子吃东西、给孩子洗衣服和穿衣服。**教孩子是一种教育，而直接代替孩子去做则是仆人的工作，尽管这样对于妈妈而言更容易，但对于孩子来说则没有任何好处，因为它封闭了孩子自我教育的大门，阻碍了孩子的成长**。实际上，这种做法会带来非常严重的后果。那些被众多仆人服侍的贵族们不仅越来越依赖仆人，甚至会沦落为仆人的"奴隶"。由于他们的肌肉长期得不到锻炼，身体就会越来越虚弱，最终可能失去活动的能力。而且，那些一味地发号施令却什么也不做的人，思想也会变得越来越迟缓。当有一天这个人清醒了，想要重新获得独立的时候，他可能会发现自己再也没有能力独立了。对于特权阶级的孩子来说，如果他们想行使自己的特权，我们就应该让他们的父母清楚地意识到这样做会产生的危险性后果。要知道，阻碍能力发展的正是那些不必要的帮助。

与西方相比，东方妇女接受了更多的"不许动"的教育。这样的后果是，男人既要为自己工作，又要为女人工作。渐渐地，妇女的自然力与活动力在这样的奴役下丧失了。她们不但被人供养、被人服侍，而且自己的个性也慢慢地消失了。她们完全丢弃了保护自己的能力和资源。她们曾经是社会成员的一分子，现在却成了不重要、不被需要的人。

有这样一个例子，乡间小路上行驶着一辆马车，车上载着一家三口。突然，一群带着武装的匪徒将马车拦了下来。匪徒对着车上的人喊道："要么留下钱财，要么丢掉性命，你们选哪一样？"看到这样凶险的匪徒，马车上三个人的反应完全不同。爸爸是个神枪手，当时他迅速地从身上拔出一把左轮手枪，开始反抗；孩子则哭喊着，拔起腿来就跑；妈妈呢？她既没有枪，双腿也因为被裙子裹着而跑不动，只见她愣在那里，然后被吓得晕倒在了地上。

这三个人的三种反应形象地说明了他们的自由程度以及独立情况是不同的。爸爸和孩子有独立的能力，遇到危险可以自救，而妈妈却毫无反抗的能力。后来，匪徒看见掉落在一旁的包袱，忙着去捡，这时妈妈才有了逃脱的机会。

在生活中，盛气凌人的人比比皆是。这种人一边展现着他们专横跋扈的一面，一边隐藏着他们软弱无能的一面。专横跋扈的人喜欢命令别人，通过让别人来为自己工作，以达到征服别人、控制别人的目的。对于这些人来说，专横跋扈是他们情绪的一种表现。

还有一个例子，一个聪明的工人具备很强的工作能力，不但能够又好又快地制造出产品，还能向车间提出有益的建议。所以在这个时候，他就是主人，可以控制他的工作环境。别人遇到了问题可能会出现恼怒的情绪，而他则会凭借优秀的自我控制能力轻松面对。一个人对自己的工作能力越自信，自我控制能力也就越强。可是，当这个工人回到家里，发现妻子做的汤菜不合口味或是没有准时开饭时，他可能会大发雷霆，大声呵斥妻子。为什么会这样呢？原来，当他回到家后，他就不再是能干的工人，而是一个依赖妻子的人。在工厂里，他能够表现他的能力，证明他是强者，所以他是温和且快乐的。但是在家里，是妻子服侍他，他无事可做，于是变成了一个专横跋扈的人。如果这个工人也学会了做饭和处理家务，能够自己满足自己的需求，也许他的能力就会更全面，就有可能成为一个完美的人！

由此可见，**如果一个人通过自我教育，能够按照自己的意志完成满足自己生活和工作的发展所需要的一切，那么他就可以增强自己的能力，成长为一个更加完美的人。**

取消奖惩

一旦这些原则被我们接受并建立起来，那么各种形式的奖励和惩罚自然就会消失。如果一个人拥有自由并可以进行自我约束，自然也会追求能真正激励和鞭策他的奖励。一旦内心充满力量与自由，他就会表现出强烈的积极性。

我经常在生活中看到这样的例子。在儿童之家建立之初，我发现这里的老师并没有掌握关于自由和纪律的教育法则。其中有一位老师引起了我的注意，每当我不在场的时候，她便会擅自做主，采用旧的方法教育孩子。那天，我偶然地走进一间教室，发现班上那位最聪明的孩子的脖子上挂着一个希腊式大银质十字奖章，这个奖章是用一条精致的白色带子绑住的，特别显眼。教室里还有一个很显眼的孩子，他坐在最醒目的一把椅子上。显而易见，这两个孩子处于不同的境况，前者得到了奖励，后者受到了惩罚。然而当我进入教室后，那个老师再也没有对这两个孩子采取任何干预的行为。我没有说什么，只是安静地坐在教室的角落里继续观察。

接着我看到，那个得到奖励的孩子在教室里来来回回地走动，他欣喜地忙碌着，一会儿把自己桌子上的东西搬到老师的桌子上，一会儿又去搬动其他东西。在这期间，他都会经过那个受到了惩罚的孩子。在来回走动的过程中，稍不注意，这个得到奖励的孩子的十字奖章从脖子上滑落，掉在了地上。接着那个受罚的孩子跳下椅子，捡起奖章，他拎着白色的带子，翻来覆去地看着奖章，然后叫住他的伙伴，说道："你的东西掉了！"这时，那个孩子转过身来，脸上满是不在乎的表情，他瞥了一眼奖章，用一种像是责怪别人打断了他的活动的不耐烦的口吻说："它对我来说无关紧要。"受罚的孩子接着说道："真的吗？既然这么不在意这个奖章，就让我戴一下吧！"得到奖励的孩子回答："可以，你戴吧！"他好像是在说："别再打扰我了！"

受罚的孩子仔细地将绑住奖章的白色带子整理整齐，然后郑重地把奖章挂在自己的胸前。接着，他调整了一下坐姿，准备好好地欣赏这枚奖章。只见他把手放在椅子的把手上，心满意足地坐在椅子上，显得非常开心。这个情况发生得比较突然，却也似乎在情理之中。尽管这枚奖章让那个受罚的孩子感受到了快乐与满足，但对于那个原本得到奖励的孩子来说是毫无意义的。

一天，一位女士来到另外一所儿童之家参观。这位女士十分欣赏那里的孩子。她将自己带来的一个盒子打开，从里面取出系有红色缎带闪闪发亮的奖章，然后将这些奖章拿给孩子们，并说："这些奖章是给最聪明、最优秀的孩子的。但是我会先将它们交给你们的老师，然后由老师发给你们。"

对此，我没有发表言论，只是让老师把盒子接了过来，因为我觉得没有必要用自己的方法来说教这位来访者。

就在这时，一个先前安静坐在课桌边，看着颇为聪明的4岁小男孩大声地表达了自己的不满。他皱着眉头，一声接一声地喊道："不要给男孩子！不要给男孩子！"我们从这个小男孩身上得到了很有益的启发！他已经知道自己是这个班上最聪明的孩子之一，但他不需要这种奖励，他不希望大家因为奖励而受到伤害。只是他不知道应该怎么做，只能根据自己是男孩子这一特点，拒绝接受那位女士的奖章。

很多孩子喜欢干扰别人却不注意纠正自己的错误。对于这样的孩子，我们会请医生来对其进行检查，如果检查结果显示孩子并没有什么问题，我们就会让他坐在教室的角落里，这样他就没有办法干扰别人。我们会让他舒服地坐在扶手椅上，教室里其他伙伴的活动他都可以看见；同时，我们也会给他最喜欢玩的玩具，让他可以玩游戏。通过这样的方式，这样的孩子就会安静下来，停止自己之前的错误行为。对他来说，看到其他伙伴的活动情况，是比老师无论说什么都更有效果的直观教育。他会希望成为教室里其他伙伴中的一员，为此，他将改正并约束自己的行为。对于那些不遵守纪律的孩子，我们都可以用这种方法来教育，使他们改变行为，进而学会遵守纪律。就像孩子生病了应当受到特殊照顾一样，当孩子被孤立时也应当受到特殊的照顾。每当我走进教室，发现有被孤立的孩子，我首先就会直接走向他，向他嘘寒问暖，关心他。对于不遵守纪律的孩子，我当然不知道他们的内心究竟经历了什么，不过可以肯定的是，经过这样的纪律教育，他们都发生了好的改变，而且这种良好的趋势会稳定持久地维持下去。

教育学中的自由生物学观点

站在生物学的角度，在孩子接受早期教育的阶段，我们应当这样理解"自由"这个概念，那就是我们必须使孩子的成长环境最有利于其个性的自然发展。无论是从生理方面还是从心理方面来看，我们都必须保证孩子大脑的自由发展。

身为教育工作者，必须尊重生命。当教育工作者抱着极大的兴趣投入工作时，他必须对孩子的成长及其需求怀有足够的尊重。只有在这种情况下，孩子的生命才不是一个抽象的概念，而是真实存在的。换句话说，只有这样，孩子才是"活生生的个体"，是真正的生命表现形式。

对于教育，我们应该这样理解，即教育应该真正有利于孩子生命的健康发展，并为之提供积极的帮助。孩子的身体处于成长的过程中，孩子的心灵也处于发育的阶段，生理和心理两方面的神秘力量构成了一个神圣的个体。对于这两种正在成长的"神秘力量"，我们既不能损坏也不能抑制，只能等待时机，让它们陆续呈现出来。

毫无疑问，环境是影响生命成长的重要因素。环境既可以促进生命的成长，也可以阻碍生命的成长。不过，它只是影响孩子生命成长的外因，永远也不可能创造生命。

现代进化论研究了动物与植物这两大生物分支的发展，生物学家认为，内因才是影响生物种系和个体变异的根本因素，物种和个体之所以能发展，都源于内因。并不是吸收了营养、有可以呼吸的空气、有适宜的温度条件，孩子就会成长。孩子成长的根本原因在于，他潜在的生命力在发展，这种生命力促使他按照生物遗传规律不断成长、壮大。就像一个人的青春期，不是因为孩子得到了充足的营养或者进行了锻炼就会进入青春期，而是因为他已经成长到既定的生理阶段。

总的来说，生命是自我创造的，外部环境不过是给生命的成长和发展提供了条件。与此同时，生命的成长与发展也受到了外部环境的约束以及某些无法逾越的规律的限制，但物种的固有特性不会因为这些因素发生改变，只是它们会出现某些变异。

在提出物种突变理论时，聪明的德夫利斯还明确地指出，教育具有限制性。尽管我们可以改变与环境相关的可变因素，改变物种和个体有限的细微可变因素，却没有办法影响其突变。一些和生命起源相关的神秘因素制约着生物的突变性，并且其对生物的影响远远大于环境对生物的影响。比如，一个生物类别绝不会通过任何自适应现象而发生突变或转变为另一个种类。又比如，一个伟大的人，他既不会受制于任何条件，也不会被禁锢于任何错误的教育制度中。

环境对于生命的影响作用具有正反两面，它既可能有助于生命的成长，也可能将生命扼杀。环境的正面影响越强，个体生命就越有活力。

在热带地区，棕榈树种类繁多、随处可见，因为这里的气候条件有利于棕榈树的生长。与此同时，也有许多动物和植物因为不能适应热带地区的气候条件而消失了。

生命无所不能，永远向前行进着，而且无论在前进的道路上会遇到什么艰难险阻，都会勇敢地解决。只有那些永远充满生机、生命力旺盛的生物，才不会被淘汰，并最终成长为胜利者。

为孩子授课的方法

孩子的心理与生理都在不断发展着，他们要依靠自己的内在力量获得成长，而我们教育工作者能做的只是帮助他们。

　　先做这样一个假设，只要我们在学校里营造了宽松、自由的环境，学生们就可以无拘无束地将他们的个性与爱好展现出来。以这一点为前提，当我们为孩子们创造了适宜的学习环境，并且准备了合适的学习用具之后，老师千万不能把自己的定位仅仅局限于对孩子们进行观察的角色，而是要成为一个教学实践参与者。

　　在我们使用的教育方法中，上课和实际操作是同步进行的。如果一个老师了解的实验心理学方法越多越深入，他就越能知道应该怎样对孩子展开培训。要想使这些实验心理学方法能够恰当地运用，老师必须掌握必备的技巧。一位老师如果想掌握基本的教学方法与原理，并学会在实践中运用，那么他参加儿童之家的培训班必不可少。在培训的过程中，他面临的最大的难题就是怎样对孩子进行纪律训练。

　　孩子们刚来儿童之家时，他们对于集体秩序的概念根本摸不着头脑。经过相关的纪律训练之后，孩子们才慢慢学会了怎么分辨好与坏，并在头脑中形成了集体秩序的概念。起初，老师没有让孩子们集中起来上课，因为老师认为，在最初阶段需要给孩子自由，不能强制他们安静地坐在教室里听老师讲课。实际上，对于我们的教育方法来说，集体授课并不是特别重要，我们现在基本上取消了集体授课的形式。

上课要简单、明了、客观

在我们的教育系统中，上课主要是针对个体而言的，所以，"简单"就成为给孩子上课的第一个要求。

诗人但丁有一句话对老师很有启发，那就是"让你说的每句话都要算数"。老师说的废话越少，上课的效果就越好。老师给孩子上课的时候，应该特别注意自己说的每一句话，权衡它们是否有价值、有意义。

给孩子上课的第二个要求是"明了"。老师必须剔除那些不符合事实的、多余的内容，讲课时注意掌握分寸，切忌妄自尊大。这一要求其实和"简单"的要求是相辅相成的。老师要尽可能地选择那些简单易懂、清晰明了的词语来讲课。

"客观"是儿童之家的老师给孩子上课的第三个要求。在给孩子讲课的时候，老师不能将自己的个性或观点掺杂其中。当老师希望引起孩子的注意时，一定要告诫自己保持客观的态度，将真实的内容讲述出来。**老师应当有这个意识，那就是给孩子们上好课的标准就是用简单明了的语言教授客观的内容，以及让孩子获得真正的自由。**

　　观察法是老师上课的基本方式，其中也包括尽可能地让孩子认识并理解自由的概念。为了更准确地了解孩子，老师要时刻观察孩子是否对眼前的对象感兴趣、他的兴趣是怎样产生的，以及这种兴趣持续了多长时间，还要注意观察孩子的表情和动作等。需要特别重视的一点是，在观察的过程中，老师不能违背自由的原则。一旦老师干扰了孩子的自由，那么孩子的努力就会变得不自然、不真实，老师也就无从知道哪些行为是孩子自发产生的了。

　　如果老师严格地遵照简单、明了与客观这三个要求为孩子上课，但孩子还是无法接受并理解其讲的内容，那么老师就要注意以下两点。第一，不能重复讲授相同的内容；第二，不能批评孩子，使其感觉到自己犯了错误，或者察觉到老师没理解他的意思。如果老师没有做到这两点的话，就会促使孩子有意识地努力去理解老师所讲的内容。在这种情况下，当老师再观察孩子的心理时，他会受到影响而发生改变，无法表现出真实的自己。

　　对于这一点，我可以举几个例子来说明。假设老师想教会一个孩子认识红色和蓝色，那么他需要先让孩子注意到这两种颜色。"来，看这个！"老师引起孩子的注意之后就会展示红色，然后大声、缓慢而清晰地说道："这是红色。"接着，老师再为孩子展示另一种颜色，并同样大声地说："这是蓝色。"

　　老师为了让孩子更好地理解颜色的概念，会对孩子说："请你将红色的给我。"或者说："请你将蓝色的给我。"当孩子在这个过程中给了错误的答案时，老师就不再重复与坚持了，他会对孩子笑一笑，并拿走那些颜色，让孩子进行别的活动。

看到这种上课形式，很多老师会感到惊讶，认为未免太简单了，任何人都知道应该那么做！确实，这很简单，和克里斯托夫·哥伦布的鸡蛋理论类似。但实际上，并不是每个人都能做到这样简单地上课。一个人既要掌控自己的行为，还要满足简单、明了、客观的要求，是很不容易的，尤其是对于那些惯于使用旧教学方法的老师来说，更是难上加难。那些老师上课时常常说很多废话，甚至是假话。

有一个在公立学校任职的老师，她常常来我们儿童之家上集体课。上课的时候，这个老师总喜欢过多地解释那些简单的事情，然而不是所有孩子都愿意听到这样的内容，因此这个老师便强迫孩子认真听她讲课。比如在一堂课上，这个老师会说："孩子们，你们猜一猜，我的手里拿着什么东西？"其实她心里知道孩子们肯定没办法猜出来，这么做只是想引起他们的注意，可惜她用了错误的方法。

或许，她还会说："孩子们，来看一看外面的天空吧。你们之前注意过天空吗？夜晚的时候，星星在天空中闪烁，你们看过吗？我想你们没有注意过。你们再看看我的围裙，知道它是什么颜色吗？它的颜色和天空的颜色一样吗？好吧，来看看我手里的这个颜色。这个颜色是蓝色，天空和围裙的颜色都是蓝色。现在，你们看一看周围的事物，能找出其中蓝色的东西吗？你们知道樱桃是什么颜色吗？壁炉里燃烧的木炭又是什么颜色呢？……"

这个老师说了很多很多，当孩子们跟着她的问题努力地猜测一番之后，脑袋里的概念越来越多：天空、围裙、樱桃、木炭等。这些复杂的词语让孩子们感到疑惑，老师到底想教他们什么呢？这个老师过多的解释让孩子们无法简单、明了地分辨出这堂课的主要内容。对于孩子们来说，他们还跟不上如此冗长、复杂的讲课方式。

我还旁听过一堂数学课，在课堂上，老师打算教孩子们学会"2+3=5"。教学开始后，老师拿出了一个用细线拴着彩色算珠的算盘，然后拨动算盘上面一排的2颗算珠，接着拨动第二排的3颗算珠，最后拨动底层一排的5颗算珠（注：意式算盘）。那堂课的结果如何我已经记不清了，但令我印象深刻的是，那个老师在拨动算珠的同时，还为孩子们展示了不同的纸片人：在上面一排被拨动的2个算珠旁加了一个穿着蓝裙子跳舞的纸片人，并命名为玛丽丁娜；在中间一排被拨动的3个算珠旁加了另一个颜色不同的纸片人，并命名为吉金娜。我不记得那个老师是怎么结束这堂课并完成她的教学目标的，但我确定，她花费了很长时间为孩子描述纸片人，并把它们移来移去。如今，我对纸片人的记忆明显比学数学运算的过程更深刻且清晰，那么孩子们也应该和我是一样的感受。即使孩子们通过这堂课学会了"2+3=5"，但是他们在这个过程中肯定也花费了不少精力，而这个结果会让老师误以为纸片人功不可没。

还有一个老师，她想在课堂上教会孩子们分辨噪声和乐音。这个老师是这样安排的：她以一个很长的故事开始了课程，突然，当她还在讲述故事时，重重的敲门声响起来了，那是事先与这个老师商量好的另一个老师制造的。于是正在讲课的老师停了下来，大声地问道："出什么事了？孩子们，你们知道敲门的人在做什么吗？我实在没有办法继续讲故事了，我必须离开……孩子们，你们听到什么了吗？这就是噪声……"

之后，这个老师又拿起一个放在桌上的曼陀铃。"喔！可爱的婴儿，我十分愿意和你一起玩耍。"她转向学生，问道："孩子们，看见我手臂里的这个婴儿了吗？"

有的孩子回答："不，它不是婴儿。"

有的孩子则说："老师，它是一个曼陀铃啊。"

可是那个老师却继续说道："不，孩子们，它真的是个婴儿。我喜欢它。现在，请大家安静下来，别说话，我好像听到了婴儿的哭声，或许是他想开口说话呢。"说完这些话之后，这个老师拨了一下曼陀铃的琴弦。"你们听！是不是这个小宝宝在哭？你们听到了吗？"

孩子们都大声叫喊起来："它不是婴儿，是曼陀铃，它发出的声音是你弹出来的，是你拨了琴弦。"

这时，老师说道："孩子们，请保持安静，听听我接下来要说什么。"接下来，她又拿起曼陀铃弹了几下，说："听到了吗？

这就是乐音。"

试想一下，如果孩子们真的能通过这堂课学会分辨噪声和乐音，那简直太可笑了。这样的课堂只会让孩子们产生以下想法：这个老师不过想和他们开个玩笑罢了；一旦老师讲课时被噪声打断，她就失去了头绪；这个老师太笨了，以至于她误把曼陀铃当成了婴儿。最终，这堂课的结果是，孩子们对老师上课时的形象留有印象，但通过这堂课学到了什么就不得而知了。

要让这些习惯了旧的教育方法的老师把课上得简单明了，实在是一件不太容易的事情。

有一次，我详细地解释了教材的内容之后，请一位老师利用几何图形木块来教孩子辨别正方形和三角形。这个任务非常简单，就是把正方形木块和三角形木块准确地嵌入与它们的形状对应的空格中。

老师原本应该为孩子示范正确的做法，再让孩子和她一起把木块放入正确的空格中，并且在这个过程中教孩子认识正方形和三角形。然而，那个老师并没有这么做。她先是让孩子们触摸正方形木块，说："看，这是一条线，这是另外一条线，这里也有一条线……这个木块一共有四条线。请你们伸出手指数一数，看看它一共有几条线。"

她接着说："这里有一个角，这里也有一个角……你们看看这些角，然后用手来摸一摸。它的角也是四个！你们好好看一看，这个木块就是正方形的。"

那个老师讲的这些和原本的教学目标根本就不是一回事。我纠正了那个老师的错误之处，并告诉她，这样的做法是在教孩子们理解和边、角、数字等相关的概念，根本无法让他们学会认识和辨别几何形状。

"可是，"那个老师竭力为自己辩解，"这不是一样的吗？"

当然不一样。二者根本不是一回事，一个是几何分析，另一个是算术。

孩子的头脑里可能会留下对四边形的形状的初步印象，但是他们并不能理解边和角的概念以及相关的数目。实际上，边和角本身并不存在，这两个概念是抽象的，只是通过真实的物体而具象化。那个老师过于详细的表述不仅没让孩子清晰地理解这些概念，反而将具体的事物和抽象的概念混淆在一起，会让孩子感到迷惑。

我告诉那个老师，假设有一位建筑师想带领我们观赏他设计建造的一个圆形屋顶，而我们不具备任何建筑方面的知识。对于建筑师来说，想让我们欣赏他的作品，有两种方法。

第一种方法，建筑师可以先让我们观察建筑流畅的线条和协调的比例，然后带领我们走进建筑的内部，一直走上圆形的屋顶，使我们能更加全面地观赏到屋顶的各个部分。如此一来，我们获得了对这个屋顶的整体印象，并且对屋顶的各个部分都了解得十分充分。

第二种方法，建筑师可以先让我们数一数窗户的数目，或者宽或窄的檐口的数目。接着，他可以详细地画出图样，为我们一一介绍建筑的设计风格、静力学原理，以及各种计算原理和数学公式。

在使用第一种方法的情况下，我们可以在头脑中形成圆形屋顶具体而深刻的印象；而在使用第二种方法的情况下，我们也许什么也无法获知，并且会认为这个建筑师把我们当作了他的同行，而不是普通旅游者，可实际上我们只是想对周围的美景有所了解而已。

在教孩子认识几何形状时，如果向孩子分析和讲解木块的边角，就会出现和上述第二种情况类似的结果。正确的做法应该是，直接告诉孩子"这是正方形"，然后让他们用手触摸正方形木块，以此在脑海中形成几何形状的概念。

不可否认的是，当教孩子认识几何图形时，如果也教数学概念，就会促进他们的早熟。我们不能因为孩子太小就认为他们无法理解简单的几何形状。在日常生活中，孩子可以很容易地看到正方形，例如窗户和桌子，几何形状对他们来说并不陌生。我们让孩子关注一些简单的几何形状，是为了加深他们对已经认识的几何形状的印象，并且由此在脑海中形成固定的概念。与这种情况类似的是，当我们不经意地看着湖岸的时候，突然听到一位画家说："峭壁倒影下的湖岸曲线真美啊！"这样一来，原本毫不起眼的景色仿佛一下子被点亮了，深深地印在我们的脑海里，并且带给我们一种豁然开朗的感觉。

我们身为教育工作者，要牢记自己的职责：点亮孩子前进的道路，用正确的方法指引他们。

启蒙课会对孩子产生什么影响呢？我可以打个比方来说明。假设一个人只身走过一片树林，他一边走，一边沉思，这种感觉宁静而幸福，内心也可以自由地驰骋。突然，他的思绪被远处传来的悠扬的钟声打断了，可是他的感觉反而更强烈了，他深深地意识到，此时此境是无比安宁和美丽的。

激发生命能量，让生命自由地发展，这是教育工作者的首要任务。当教育工作者做这样一份具有重大意义的工作时，需要恰到好处地把握时机，避免干扰生命个体的正常成长和引起偏差。也可以说，这种工作是一种艺术。**孩子的心理与生理都在不断发展着，他们要依靠自己的内在力量获得成长，而我们教育工作者能做的只是帮助他们。**要注意的是，这种帮助的教育艺术必须在科学方法的指导下进行。

如果老师用科学的方法触及了孩子的心灵，就可能唤醒和激发孩子的生命。在孩子的心里，老师就像一个神灵，哪怕是一个手势、一个眼神，甚至是一句话，都会给他们带来很大的影响。这样的话，孩子就会充满了活力。终有一天老师会发现，所有的孩子都十分尊重她，并且愿意服从她，因为孩子们希望从她那里继续获得新的生命力。

这些现象都已经在我们的教育实践中得到了证明。参观过儿童之家的人都会感到惊讶，因为他们发现，这里的孩子们建立了遵守纪律的概念——不管这五十多名年龄在2岁半至6岁的孩子是集体行动还是单独行动，他们都会保持安静，这看起来像是我们对孩子们施展了某种魔法。

只要老师发出一个简单的指令，轻声地对孩子们说："请你们站起来，踮起脚尖绕房间走几圈，再回到座位上。记得保持安静。"所有孩子立刻不约而同地站起来，开始按照老师的要求静静地绕着房间走，然后再回到自己的座位上。这些孩子都希望从老师那里获得有价值的启发。正因为如此，他们热切地遵守着秩序。

拿一个乐队来说，乐队的所有成员必须根据指挥家的指示演奏，我们才能听到和谐优美的乐曲。而在乐队成员听从指挥棒的无声指令之前，他们必须把自己的演奏技巧磨炼得炉火纯青。可是公立学校采取的方法完全不一样，如果用他们的方法训练乐队，大概只能听到参差不齐的乐曲了。

在对孩子的教育方面，我们一直存在很多偏见。直到现在，还有很多人期望通过强制的方式征服孩子，以便让他们服从自己的要求和指导。由此可见，我们并不了解孩子的生活，也不了解他们的内心。如果我们不再限制孩子的行动，不再对孩子使用那些愚蠢的具有强制性的手段，那么孩子就会向我们展露出全部的天性。

孩子是温顺的、可爱的，这个事实让我们认知到，人类在幼年时期会受到成人的各种约束和不公平的对待。

生活实践训练

作为老师，在引导孩子们关注这些优秀的典型时，态度应该尽量保持平和，不必使用过多的溢美之词。

　　当儿童之家建立之后，如何安排孩子们的学习与活动计划就成了一个问题。我们在为孩子们制订作息时间表时考虑了两个方面：一是上课时间的长短；二是各种活动的时间分配。

　　在我看来，儿童之家的上课时间应该长一些，最好是全天都安排活动。举个例子，对于贫穷家庭的孩子，尤其是位于工人住宅区附近的儿童之家，冬季的上课时间可以安排为早上9点至晚上5点；夏季的上课时间可以安排为早上8点至晚上6点。

　　为孩子安排这么长的上课时间是很有必要的，是为了利于他们的健康成长。当然，在长时间上课的情况下，孩子们也需要至少一小时的午睡时间，使他们得到充分的休息。不过，在实践操作中做到这一点有些难度。目前，我们没有足够的房间供孩子们午睡，只能让他们在自己的座位上尽可能地休息。我想，在不久的将来，我们就会有条件很好的供孩子们休息的房间，或者也可以让他们在吊床里午睡，因为我认为在空气清新的室外休息会更好一些。

　　在位于罗马的儿童之家，由于孩子们离家比较近，他们可以回到自己的家中午睡。

我们还要考虑的是，在这么长的上课时间中，孩子们不但需要午睡，也需要午餐。

除了午睡和午餐，更重要的是，像儿童之家这样的学校，它成立的目的是帮助3～6岁的孩子更好地成长。因此我们需要对孩子进行各种训练。

在儿童之家，老师的工作是为孩子适应社会生活做准备，促进他们内在生命的发展。要想实现这个目标，在对孩子进行各种训练时，吸引他们的注意力是第一步。

第一个儿童之家建立之后，我们就制定了教学方案和时间表，只是没有完全按照这个时间表执行。这是因为我们为孩子们分发教材的时间不一致，而且这个时间表也不适合自由的学习体系。

我们的教学是从一系列生活实践训练开始的。后来证明，这些训练是成功的，是原方案中仅有的完全合适的内容，我们也不会改动它们。在所有的儿童之家，每天的活动都是从这些训练开始的。

生活实践训练的内容是：清洁、秩序、仪态、交流。

每天早晨，孩子们一到达学校，我们就会对他们进行清洁检查。为了引起孩子妈妈对孩子卫生问题的重视，我们甚至会当着她们的面检查。手、指甲、脖子、耳朵、牙齿都是要检查的区域，同时我们也会注意检查孩子们的头发是否干净。当发现孩子们的衣服破损或脏污、纽扣掉了、鞋子不干净时，我们就会提醒孩子们多加注意。这样做有助于帮助孩子们养成讲究个人卫生和形象的良好习惯。

　　在儿童之家，我们要求孩子们经常洗澡。每个教室都备有清洗架、水瓶和盆，老师也会教孩子们如何清洗身体。比如，教孩子们自己洗手与清理指甲，有时还会教他们洗脚、刷牙、漱口，并且会叮嘱他们清洗耳朵和眼睛时要多加小心。在这个过程中，老师还会告诉孩子们，对于身体的不同部位要采取不同的清洗方法，比如，洗眼睛要用清水、洗手要用肥皂、刷牙要用牙刷等。我们会让年纪大一点的孩子为年纪小一点的孩子提供帮助，也会鼓励年纪小一点的孩子尽快地学会自己照顾自己。

　　当检查完孩子们的个人卫生后，我们就开始检查和清扫环境。我们会要求孩子们系上围裙，他们一般可以自己系围裙或是在小伙伴的帮助下穿上围裙。在这之后，我们便开始检查教室的卫生了。我们会检查教室里的所有东西是否整洁，然后教孩子们将角落里积攒的灰尘打扫干净，并在这个过程中让他们学会使用抹布、刷子、扫帚等清扫教室的工具。

　　经过一段时间的训练，孩子们很快就会完成这些清扫的工作。接着，他们回到自己的座位上，老师则会为他们示范如何以正确的姿势听课：头保持端正，手放在桌子上，两脚放在地上，避免发出任何噪声。我们还会告诉孩子们，起立、坐下以及在教室里走动时都要尽量保持安静。通过这一系列训练，孩子们能够培养并保持优雅的举止。

　　此外，孩子们还会学到见面与分手时的礼仪、如何互相敬礼、拿取东西时要轻拿轻放、接受东西时要保持礼貌等。

那些能够时刻保持干净的孩子、总是收拾得十分整齐的房间、秩序井然的班级会成为榜样，理应得到所有孩子的关注。不过，作为老师，在引导孩子们关注这些优秀的典型时，态度应该尽量保持平和，不必使用过多的溢美之词。

在进行训练的过程中，老师不会评价孩子某些行为的好坏，只是给他们示范或指导，并纠正孩子不规范的动作。这是自由式教学的基本原则。

以上训练完成以后，老师的下一步计划就是和孩子交谈，聊一聊生活中发生的事情。老师会问孩子昨天做了些什么，每当这样询问时，老师会注意避免让孩子谈论自己家庭的私事，而是让他们讲述自己做的事情、玩的游戏或者对父母的态度等。

举例说明，老师可以问孩子是否可以自己上下楼，能否和朋友礼貌地交流，是否帮助妈妈做家务，是否为家人展示了从学校里学到的东西，是否在大街上嬉戏等。到了周末之后的星期一，老师会适当地延长和孩子们的聊天时间，问他们和家人在周末一起做了什么事情，是否外出了等。

这样的交流不但有助于孩子语言能力的发展，而且具有很大的教育意义。不仅如此，孩子还能从中学会分辨哪些事情是值得讲出来的，例如生活中的事情、公共事件或洗礼、开生日派对，以及其他可以临时交谈的话题等。

当这些生活实践训练都结束了之后，我们就可以开始其他的课程了。

孩子的饮食

必须严格定时，即在规定的进餐时间吃东西，其他时间则避免进餐。这个原则需要普及给每一个家庭。

　　我们应该结合生活实践训练来考虑孩子的饮食问题。

　　要想促进孩子的身体发育，尤其是对于那些还没有普及儿童健康标准知识的家庭来说，最好的方式就是交给学校来负责孩子的大部分饮食。

　　大家都知道，必须根据孩子的体质来安排他们的饮食。给孩子用药不是减少成人用药的剂量给他们服用，同样的道理，孩子的饮食也不是简单地将成人进食的分量减少就可以了。

　　虽然我们的儿童之家和孩子的家都处于住宅区内，孩子也可以回家吃饭，但我还是建议在学校设立食堂，让孩子在这里统一用餐。

　　给孩子制作食物时，丰富的脂肪和糖分是不可缺少的。脂肪是有机体必备的储备营养，糖分更会促进孩子的成长。此外，蛋白质、维生素和矿物质等都是孩子成长过程中必不可少的营养。

　　因为孩子尚不具备充分咀嚼食物的能力，胃的消化能力也没有发展完善，所以在为孩子配制食物时，正确的做法是把营养食品分成小块。容易消化的汤粥、菜泥等可以作为常备的儿童食品。

牛奶和鸡蛋是孩子主要的蛋白质来源。刚从奶牛身上挤出的牛奶和母鸡刚产下的鸡蛋十分新鲜，其中的营养更有利于孩子吸收。

对孩子来说，水果也是非常好的食物。要注意的是，给孩子准备水果时，要先剔除果皮和果核等不容易消化的部分。同牛奶与鸡蛋一样，水果也最好是刚摘下来的，并且要清洗干净。也可以将水果做成果酱或果冻，然后给孩子吃。4~5岁的孩子可以试着学习怎么削水果皮和去除果核，让他们知道怎么吃水果。

在为孩子准备饮食时调味品要严格限用，孩子可以适当地吃食盐和油类，但要绝对禁止食用香料。

由于孩子的身体发育需要大量的水分，必须让他们多喝水。对孩子来说，最好的饮料就是新鲜的矿泉水或者干净的经过处理的自来水。酒类或者咖啡型饮料对孩子没有一点益处，要拒绝给孩子饮用。至于发酵型饮料、碳酸饮料和茶等，也最好不要让孩子喝。

如果想了解更多有关孩子饮食的内容，可以参考营养学的相关著作。接下来说一说孩子的饮食中需要注意的另一个问题，那就是膳食分配。对于这个问题，有一条重要的原则——**必须严格定时，即在规定的进餐时间吃东西，其他时间则避免进餐。这个原则需要普及给每一个家庭。**

人们普遍抱有一种偏见：要想孩子的身体长得好，就得不停地喂他吃各种食物。我们常常看见一些孩子随时随地啃着一片面包或者别的食物，没有一点饮食规律。事实上，由于孩子的消化系统还非常脆弱，相比成人，节制饮食对他们来说更重要。因此，将一天的上课时间延长对孩子们是有好处的，这样便于对孩子们的饮食进行有效的指导。**在儿童之家，除了规定的进餐时间以外，孩子们在其他时间不允许吃别的零食。**

儿童之家将为孩子们供应两餐：中午是主餐，有汤食、荤菜和面包；下午4点钟左右会提供一次点心，有面包夹果酱、巧克力、乳蛋糕、薄脆饼干、软烤饼、煮水果等供选择。

至于早餐和晚餐，孩子可以在自己家里吃。要注意的是，晚餐应该要少吃，因为进餐后不久就要睡觉了，吃太多容易消化不良。

我们会向妈妈们提出一些针对孩子的进餐建议，以便她们可以配合儿童之家的保健工作，帮助孩子健康地成长。

对于食物营养成分比例的计算，虽然没有太大的实际用处，但我还是建议妈妈们参考一些和保健相关的文章。

我们会开垦一片菜园，种上可以食用的蔬菜，这样就可以实现现摘现用。可能的话，我们还会种一些果树，饲养一些家禽家畜，这样就可以得到鲜果、鲜蛋和鲜奶。

在儿童之家，膳食安排可以和生活实践训练结合起来。例如，让孩子在准备餐桌、铺桌布等过程中学习并认识各种物品、食品的名称等。在进餐时，老师还要教孩子保持清洁，不仅要讲究个人卫生，还要保持环境卫生。老师也要教孩子使用餐具（教年龄小的孩子用汤匙，教年龄大的孩子用刀叉）。

体格训练
——体操

促进孩子身体发育的最好方法就是引起妈妈们对于幼儿保健的重视。也就是说，我们应该用体操来帮助孩子发育，让他们进行能满足身体需求的运动，并确保下肢不会过度疲劳。

　　在公立学校，人们常常把体操看作一种集体性的肌肉训练，目的就是让孩子按口令去做规定的动作。这个观点是不合时宜的，其中体现了一定的强制性，也没有什么心理学依据。

　　医疗体操的目的是恢复麻痹的肌肉的正常运动功能。学校规定进行的一系列胸腔运动，本来的作用是治疗障碍性肠道疾病。可是我难以想象，这些运动对于健康的孩子有什么用处。除此以外，体育场馆里也可以进行一些运动，这些运动就像杂技演员做的基础性训练一样。我并不打算批评学校设置体育运动的目的，而且这类体育运动也不在我们考虑的范围。

　　我们所说的体操和一般的肌肉训练并不是强制性的，可以促进生理运动（如走路、呼吸、说话）的发展。当孩子表现出发育迟缓或异常的状况时，我们就要鼓励他们做一些对基本生活技能（如穿衣服、脱衣服、系扣子、系鞋带、拿东西等）有利的运动。对于3～6岁年龄段的孩子来说，必须让他们进行体育锻炼，这样有利于他们的健康成长。其中最需要的是保健类体操，例如走步训练。

　　在一个人体形发育的早期，躯干发育比下肢发达。正常情况下，新生儿的躯干，从头顶到腹股沟的长度占其身高的68%，下肢仅占身长的32%。这个身长比例在成长过程中会逐渐发生明显的变化。比如，1岁幼儿的比例为65%，2岁的为63%，3岁的为62%，成人的为51%或52%，甚至个别人达到50%。随着年龄的增加，体形上的差别会逐渐缩小。但是对于孩子来说，躯干会比下肢发育得快一些。

当孩子长到上幼儿园的年龄（3～6岁）时，他们的下肢仍然比躯干短，仅占身高的38%。当孩子处于6～7岁时，不仅会长高很多，而且躯干与下肢的比例会发生很大的变化。可以明显地看出，他们下肢的增长速度有所加快，这是因为长骨两端的软骨层在发育，也和尚未完全骨化的骨骼有关系。不过在这个时候，他们还没有发育成熟的下肢需要承受比它大的躯干，再加上他们的行走能力没有发育完善，因此，我们不应该以成人行走的标准来要求孩子，他们不可能像我们一样走得那么平稳。

由于孩子的身体在不同的年龄段有不同的特征和比例，我们不能从成人的角度认知，否则就大错特错了。孩子常常会倾向于向前踢腿或向后弯腰，这说明他们产生了某种生理需求，这种需求是与身体比例相适应的。幼儿因为下肢太短，所以喜欢四肢着地，像某些动物一样爬行。遗憾的是，我们成人往往会用愚蠢的强制性要求改变孩子这些自然表现，例如不要在地上爬，而是要像成人一样站着走路，并且会要求孩子跟上成人的脚步，还冠冕堂皇地宣称这样做是"为了不让孩子变得任性"。这些观点是错误的，通常会造成孩子出现罗圈腿的现象。**促进孩子身体发育的最好方法就是引起妈妈们对于幼儿保健的重视。也就是说，我们应该用体操来帮助孩子发育，让他们进行能满足身体需求的运动，并确保下肢不会过度疲劳。**

我经过大量的观察，找到了一个可以帮助孩子活动的简便方法，具体的做法就是：老师带领孩子一起齐步走，在花园中转圈。花园周围有栅栏，也就是每隔一段距离就有一个木桩，木桩之间用几条平行的粗铁丝连接；栅栏下面还放置了一些台子，当孩子走累了就可以坐在台子上休息。除此之外，我还搬出了一些小凳子，把它们靠墙放着。做游戏的时候，总是会有一些2岁半到3岁的孩子落在队伍的后面，很明显他们是玩累了。这时，他们既不会坐在地上也不会坐小凳子，而是跑向那些矮一点的栅栏，用手抓住最上面一排的铁丝，然后把脚蹬在最下面一排的铁丝上，踩在上面来回走动。这些爬上了铁丝的孩子满脸微笑地看着那些仍在绕圈子的大伙伴们。能看出来他们内心感到无比的快乐。

这些孩子的举动解决了一个难题，对我很有帮助。当他们斜着身体沿着铁丝走动时，下肢在运动的过程中得到了锻炼，在这种时刻，下肢也不必承受整个身体的重量。如果健身房里有这种器械，那么孩子就能做类似的运动了，满足在地上爬行和踢腿的生理需求，更好地促进身体发育。由此，我产生了在给孩子准备的游戏室设置类似的小栅栏的想法。具体怎么做呢？将两根平行的木棍架在一排排立柱之间。保证孩子在上面嬉戏的同时，可以很清楚地观察到同一空间内其他小伙伴的情况。

同样的道理，我们也可以根据体育馆里的其他器械，为孩子设计出能够满足他们需求的运动。有一种叫作篮椅的器械，是塞昆发明的，可以用于锻炼下肢，尤其是可以锻炼体弱儿童的膝关节。它的外观就是一种坐式秋千，四根绳子分别从四个角上吊着宽大的座椅。当孩子坐在秋千上的时候，可以将两腿伸向前方。篮椅前面是一堵墙，它们之间有一定的距离，墙上有一块厚实的木板，木板的高度和孩子的视线保持在一条水平线上。如果孩子坐着秋千，再用脚蹬木板，秋千就会来回晃动，这种蹬木板的动作可以使孩子的下肢得到锻炼。

尽管有些使用器械的运动看起来没有什么保健的作用，但是深受孩子的喜爱。例如有一种叫作"摆球"的器械，就是一根绳子上拴着一个橡皮球，既可以供孩子单人游戏，也可以让多人一起游戏。一个孩子坐在椅子上击打橡皮球，将其传递给另一个孩子，在这种运动过程中，孩子的双臂和脊柱都能得到锻炼，还可以增强凭眼睛的观察来推测运动中的两个物体之间的距离的能力。

还有一种叫作"走直线"的运动，具体的做法是用粉笔在地上画一条直线，然后让孩子沿着直线走路。这种运动有利于引导孩子按照指定的方向调整自己。更有趣的是在雪地上走直线，可以让孩子们比一比，看看谁能在雪地里走出最直的一条线。

还有一种游戏，名称是"爬小圆梯"。这种小圆梯是由木头制作而成的螺旋状楼梯，整个梯子的高度不高，台阶也非常平缓。楼梯的一侧有护栏，另一侧什么也没有。在这种小圆梯上攀爬有助于促成孩子不借助护栏就能上下楼梯，并且可以锻炼他们的自我平衡能力。要知道，家里的楼梯一般是根据成人的身体比例来设计的，因此通过特制的小圆梯，可以更好地满足孩子的身体需求。

还有一种木头制成的平台，用来供孩子练习跳远。平台上面用油漆画了许多条平行线，标识着不同的距离。搭配平台使用的还有一个阶梯，两者结合起来使用可以练习跳高。

绳梯也是适合孩子的器械。它有利于孩子发展和完善诸如跪下、站起来、向前弯腰、向后仰等动作。如果没有绳梯，孩子做这些动作时容易失去平衡。

对孩子来说，以上这些使用器械的运动都是十分有益的。它们不但可以帮助孩子掌握平衡，还可以帮助孩子协调肌肉的发展，并且有助于增加肺活量。除此之外，这些运动还有助于增强手的抓握能力，这是手部最原始、最基本的动作，是在学会其他精细动作之前必须掌握的。

不使用器械的运动也十分重要，例如自由体操。我说的自由体操是指不借用任何器械的体操。这类体操分为指导口令下的体操和自由游戏两种。对于指导口令下的体操，我建议采用齐步走的方式，主要是为了帮助孩子练习平衡。孩子向前行进时还可以跟随步伐的节奏哼唱一些歌曲，以此增强肺部功能，有利于呼吸运动。

孩子可以借助皮球、铁环、填满豆子的小沙包和风筝等进行自由游戏。比如，孩子可以在树林中玩"小猫抢墙角"或者捉迷藏等游戏。

在我们的教育体系中，饲养动植物和生活实践训练这两类练习被归为教育体操，它们都是学校工作的一部分。

饲养动植物包括栽种植物、耕地、饲养动物，例如浇水、剪枝、喂鸡等。这些活动对多种运动之间的协调能力有所要求，例如在栽种植物时必须协调锄地、蹲下来种植物、起立等动作；让孩子将物品搬运到指定地点，并且使物品得到实际的使用，这样的情形就为孩子提供了很好的锻炼机会；播撒种子、开关花园门和鸡舍门等，对于孩子来说都是非常好的锻炼。在饲养动植物的过程中，所有活动都是在户外进行的，因此更加有益。

还有一些可以增强手指协调性的教育体操，例如穿衣服、脱衣服、解纽扣等，这些属于生活实践训练，为孩子的实际生活做足了准备。

做这类教育体操时可以使用一些简单的教具，例如木制框架，框架上可以绷两块皮革或者布，上面分别有一排扣眼和纽扣。儿童之家有10种这样的框架，每一种框架教具代表一种穿脱衣服方法。

（1）框架上绷两块厚毛料织品，其中一块上面有一排扣眼，另一块上面缝有一排骨质扣——与孩子平常穿的外衣相似。

（2）框架上绷两块亚麻布，其中一块上面有一排扣眼，另一块上面缝有一排珠型扣——与孩子平常穿的内衣相似。

（3）框架上绷两块皮革，其中一块上面有一排鞋扣，另一块上面缝有一排挂钩，将这两块皮革连接起来——与孩子平常穿的鞋子相似。

（4）框架上绷两块皮革，将它们用鞋带系在一起。

（5）框架上绷两块布，将它们用带子系在一起——类似意大利农妇穿的紧身围腰。

（6）框架上绷两块呢绒布，将它们用风纪扣连在一起。

（7）框架上绷两块亚麻布，其中一块上面有一排钩眼，另一块上面缝有一排挂钩，将它们用挂钩和钩眼连接在一起。

（8）框架上绷两块布，用彩色的宽缎打成蝴蝶结将它们连接起来。

（9）框架上绷两块布，将它们用圆绳系在一起——与孩子所穿内衣的系绳方式相似。

（10）框架上绷两块布，用拉链将它们连在一起。

通过使用这些教具进行训练，孩子可以分析并训练穿衣服和脱衣服时必须做的动作。重复训练一段时间之后，他们就能独立并且熟练地完成这些动作了。

孩子一旦学会这些动作，就会希望立刻在实践中运用。当他们不用依赖他人，可以自己穿脱衣服之后，会从心底里感到骄傲和自豪。

这种系扣的生活实践训练很受孩子的欢迎。如果十个孩子围在课桌旁同时进行这些训练，他们的表情会十分严肃，就像车间里认真工作的工人一样，这个场面令人十分感动。

呼吸体操是调节呼吸的运动，可以教会孩子呼吸的方法，也对孩子养成良好的说话习惯很有帮助。在帮助孩子做呼吸体操时，我们会参考萨拉教授的论文《口吃的治疗》，并从中选取一些简单的训练方法，包括呼吸训练、肌肉训练以及两者协调的训练方法。例如：

两手叉腰，嘴巴张开，舌头平伸。

深深吸气，快速提肩，隔膜放低。

慢慢呼气，缓缓放肩，还原姿势。

老师可以根据孩子的实际情况，选择或设计一些简单的呼吸体操。

正确使用嘴唇、舌头和牙齿的训练与呼吸训练相关。也就是训练孩子的语言器官，让嘴唇和舌头进行正确的运动，增强口腔肌肉的灵活性，为发音做准备。

最初，我们让全班的孩子一起练习。我们会要求孩子用力并且大声地发出单词的第一个音节。当每个孩子都尽力练习之后，我们再逐个检查，让他们单独发音，看看发的音是否正确。

如果孩子发音正确，就让他站在教室的右边，反之就让他站在教室的左边。当发现孩子发某个音有困难时，我们会鼓励并引导他多试几次。

　　有一些基础的发音训练，那就是让孩子通过单词练习基本音节的发音。我们主要让孩子练习以下单词的发音：pane，fame，tana，zina，stella，rana，gatto。在教学过程中，老师应当记录下孩子的年龄和发音时肌肉运动的缺陷，尽可能寻找可以帮助孩子清晰发音的方法。

　　在教孩子发pane音时，我们先让其用力发出pa音，再重复两次，练习收缩嘴唇的圆形的动作。

　　在教孩子发fame音时，我们先让其用力发出fa音，再重复两次，练习下嘴唇对着上齿的动作。

　　在教孩子发tana音时，我们先让其用力发出ta音，再重复两次，练习舌头对着上齿的动作。

　　在教孩子发zina音时，我们先让其用力发出z音，再重复两次，练习上齿和下齿的协调。

　　在教孩子发stella音时，我们让其重复发整个单词的音，练习合拢上下齿，让舌头贴着上齿的动作。

　　在教孩子发rana音时，我们先让其用力发出r音，再重复两次，练习舌头的颤动动作。

　　在教孩子发gatto音时，要注意发出喉舌音g。

自然教育

伊塔坚信，教育是万能
的，他认为这个孩子之所以
表现出低能的特征，并不是
因为其生理器官的退化，而
是因为缺乏教育。

　　《阿维龙野孩的初步发育》是伊塔所著的教育论文，在这篇文章中，他详细地描述了一种极富戏剧性的教育方式。这种教育方式试图克服阿维龙野孩的生理缺陷，把他从原始的自然状态拉回现实的人类生活中。

　　阿维龙野孩是在大自然中成长起来的。他从小被抛弃在森林中，赤身裸体，孤独地在荒野中生活了很多年。他的身上布满伤痕，说明他曾和野兽搏斗，也曾跌落悬崖，看着令人十分心疼。

　　后来阿维龙野孩被一个猎人捕获，才得以进入巴黎，过上文明的生活。可是，这个野孩不会说话，俨然一个哑巴。

　　"如果人没有工作，就不能被称为人"是赫尔维修的名言，也是伊塔信奉的理念。伊塔坚信，教育是万能的，他认为这个孩子之所以表现出低能的特征，并不是因为其生理器官的退化，而是因为缺乏教育。

　　当伊塔得知平纳尔的测试结果之后，他仍然希望用教育来改变阿维龙野孩。

　　伊塔分两部分来对阿维龙野孩进行教育。首先，全力引导阿维龙野孩走出原始的自然环境，走向社会生活。其次，对阿维龙野孩进行智力教育。

这个野孩曾置身于孤独的森林，他与大自然融为一体，并且从中获得了快乐。暴风、雨雪、旷野都是野孩的伙伴。可以这样说，野孩在可怕的遗弃生活中找到了一种幸福。

人类进步的结果就是，现代社会的文明生活抛弃了自然界的一切。伊塔在文章中生动地描写了自己是如何将野孩引入文明生活的，比如拓宽野孩的社会需要、给他爱抚等。

伊塔是很多老师的榜样，他做过的人道主义工作令人深受启发——我们必须对观察对象保有足够的耐心，并拥有自我克制的精神。

伊塔是这样写的：

"……从房间里观察他，可以看到他经常满面忧郁地在房间里踱步，偶尔会看看窗外，神情恍惚地凝视着旷野。假如此时天气骤变，暴风雨来临或是阳光穿透云层照耀大地，他就会大笑起来，看起来十分欣喜。

"一天早晨，天空下起了大雪。他从睡梦中醒来，见此情景，惊喜地喊叫了一阵，然后跳下床，跑向窗户，甚至连衣服都来不及穿上。他急不可耐地穿过一道道房门，跑到了花园里，大喊大叫，似乎很高兴。他在雪地上奔跑、打滚，还会抓起一把把雪塞进嘴里，贪婪地咽下去。

"面对壮观的自然景色，他并不总是快乐的，有时候也会咬牙切齿地挥舞臂膀，拳头紧握着，表现出一副气急败坏的样子。

当恶劣的天气出现时，人们一般都不会去花园，而野孩偏要到那里去，还会围着花园走几圈，有时会在喷泉边上坐一会儿。

"我经常会停下来观察他，他的表情时而平静，时而严肃，时而哀伤或忧郁。他有时会两眼盯着水面，偶尔捡起几片落叶丢到水里，似乎陷入了回忆。

"每当皎洁的月光照进房间，他就会睡不着，于是下床走到窗边，纹丝不动地站在那里，一站就是大半夜。他看着窗外，起初是安静的，好像在思考着什么。过了很长一段时间，他才深深地叹一口气，散发出一股哀伤的情绪。"

伊塔还说，野孩不会像普通人一样走路，他更喜欢奔跑。当伊塔把野孩带到巴黎后，野孩就在巴黎的大街上奔跑，而伊塔没有粗暴地制止他，而是跟着他一起跑了起来。

伊塔将社会生活的方方面面逐步展示给野孩看，用巧妙的方式吸引他的持续关注，并让他感受到新生活的魅力。这种教育是潜移默化的，没有任何负担。如果将伊塔的这些宝贵经验广泛地应用于对孩子的教育，将会收获出人意料的成效。

伊塔从来没有采取任何强迫的手段，而是让野孩自然地融入社会生活，并且获得了成功。让一个自小生长在大自然中的人脱离大自然，就像从一位妈妈的怀抱中抢夺一个新生儿，过文明生活就是抛弃大自然，并由此过上一种全新的生活。

最终，野孩被伊塔打动了，他因为伊塔的照顾和关爱而流下了感动的热泪，不再沉溺于皑皑白雪和浩瀚星空等景色。可见，人类的关爱战胜了大自然的爱。

有一天，野孩逃跑到了乡下，可是过了不久就有些懊悔地回来了，因为他可以在伊塔这里吃到好吃的美食，睡在温暖的床上。

确实，通过社会生活，人类可以获得欢乐，并从中感受到炽热的爱。但是人类仍然属于自然，尤其是在幼年时期。为了促进身心的发育，孩子必须从自然中获取必要的力量。

人类与自然之间存在天然的密切联系，自然对我们人类身体的发育发挥了很大的作用。例如，生物学家借由一个隔离装置将小豚鼠与地磁场隔绝，结果小豚鼠长大后患上了佝偻病。

对于人来说，社会生活是重要且不可缺少的，但它也必须遵循大自然的规律。从这个角度来看，孩子也是大自然的一部分，自然教育也是对其教育的重要组成部分。举个例子，我们不能突然强迫孩子离开妈妈，并且进入学校。儿童之家就遵循了这样的原则，它把学校设置在居民楼里，只要孩子呼唤了，妈妈便会回应，孩子和妈妈很容易互动。

自然教育还包括很多内容，我们目前主要是以儿童保健的形式进行的。例如，让孩子多在户外或公园里活动，或者是在海边晒晒太阳。

从事航运业的人们和位于亚平宁山区的人们对于自然教育有着丰富的经验。他们通过经验了解到，沉浸在大自然中是让孩子健康苗壮成长的最好方式。短童装、凉鞋、裸露的下肢，都表明了孩子在努力摆脱文明的枷锁。

然而，到目前为止，在对现代儿童教育的所有改进中，我们都还没能摆脱对孩子的心灵表现的否定和对孩子的精神需要的否定这种偏见。我们只是想当然地把孩子看成只需要给予爱护，进而使其在运动中生长的生命体。当一个孩子在花园里乱跑时，一个好妈妈或者好老师能给予的，不过是提醒他不要攀折花木、不要践踏草地等忠告，似乎只要活动一下腿脚或者呼吸一口新鲜空气，就足以满足孩子身体发育的生理需要。但是，既然孩子的生理成长必然借助大自然的力量，那么他们的精神生命也必然需要与自然界交融，从而可以直接从灵动的大自然中吸收养分。实现这一目的的方法就是让孩子多做农活，指导他们在种植植物、饲养动物等活动中对自然进行思考与理解。

在英国，莱特夫人总结、设计出了对孩子进行自然教育的基础，那就是园林学和园艺学。通过对生命发展的思考，莱特夫人发现了应该如何对孩子进行智力教育。她认为写生画可以开启孩子通往艺术殿堂的大门，并且孩子可以从中获得和植物、动物以及季节相关的知识，了解日常生活中餐桌上的食物是怎么来的。

虽然莱特夫人的见解比较片面，但她制定的条例在英国得到了推广。在莱特夫人之前，自然教育只局限于躯体锻炼。从那之后，自然教育得以完善，并且在增强孩子的体质方面取得了显著的成效。除此之外，莱特夫人的经验也为是否应对孩子进行农业教育提供了参考依据。

我曾经在巴黎看到过一些大规模的农业教育，主要是针对有缺陷的孩子。具体方法是以巴西利试图在小学里建立"小教育园地"的精神为依据制定的。

每个"小教育园地"里都种有各种各样的农作物，孩子可以观察其播种时间、收播方法和生长周期，还能学会翻耕土地、施用化肥等技能。"小教育园地"里也会种植观赏性植物，让孩子学习园艺方面的工作，等到他们就业时，这样的经验便会为他们带来可观的收入。

现代儿童教育理念的基本观点是促进孩子身心两方面的发展。自然教育本身就包含了道德教育的方法，其含义远远要比莱特夫人理解得更丰富。在我看来，自然教育主要包含以下四个方面。

第一，引导孩子观察生命现象，培养孩子对动植物的关爱之心。

孩子与动植物之间的关系就像老师与孩子之间的关系。随着观察的兴趣越来越大，孩子对生命的关心程度也越来越高，促使他们懂得感激父母和老师的爱护。

第二，引导孩子学会自主教育，并培养他们的预见力。

孩子在栽培植物和饲养动物的过程中会了解到，播种的植物要生长必须依靠他们的辛勤浇水，饲养的动物要成长必须依靠他们的精心喂食，否则植物就会干枯、动物就会死亡。孩子从中懂得，对待生命要有责任心。一旦他们明白了这一点，不需要老师的教导就会主动承担起照顾植物或动物的责任，这就是一种自主教育。

孩子的付出也会得到回报，并且以自然的方式呈现出来。比如，孩子精心喂养的鸽子会孵出小鸽子；趴在窝里的老母鸡会孵出一群叽叽喳喳的小鸡；兔笼里，除了原本存在的大兔子，某一天还会出现几只小兔子。

我没有在罗马建立饲养动物的场所，但是在米兰的儿童之家里饲养了一些动物，其中就包括一对美国的小白鸡，它们被养在一个别致的鸡舍里，鸡舍的外观很像中国的宝塔。这个鸡舍前有一片用篱笆围出来的小空地，方便小白鸡活动。这个鸡舍由孩子们轮流看管。

孩子们很喜欢小白鸡，他们每天早上高高兴兴地打开鸡舍门，给小白鸡送水和食物，细心地照顾着小白鸡，到了晚上再把鸡舍门锁好。

老师告诉我，饲养小白鸡的活动在所有教育训练中最受孩子欢迎。当孩子完成了自己的任务后，总会悄悄地跑到鸡舍那里瞥一眼，看它们是否缺少什么东西。他们有时候是去看其他的动物。如果老师发现在教室里找不到某个孩子时，最后很有可能在喷水池边找到那个孩子，他正入迷地看着水中自己饲养的鱼儿游来游去。

米兰的一位老师给我寄来了一封信。在信中，她告诉我一个激动人心的好消息：小鸽子孵出来了。对孩子们来说，看到小鸽子的这一天无异于盛大的节日。他们甚至把自己当成了这些刚出生的小鸽子的父母。可以说，在这个世界上，应该没有别的奖赏能激起他们如此热烈而真挚的情感了。

孩子在栽培植物的过程中也获得了很多快乐。在罗马的一个儿童之家，那里没有专门用来栽培植物的土地，于是培拉先生在教室靠窗的平台上摆了许多花盆，又在墙根处种了一些攀爬植物。每一天，孩子们都会用喷壶给花草浇水，从来没有忘记过。有一天，当我走到教室门口时，看到孩子们坐在地上，围成了一个圆圈，他们没有发出一点声音。走近一看，原来他们在观察一朵昨夜盛开的红玫瑰。

第三，引导孩子形成有耐心和自信的品格。

当孩子播下一粒种子之后，首先会看到冒出来的幼芽。接着，孩子可以观察到幼芽的生长变化过程，直到结果。

不同的植物，生长过程不一样。有的植物发芽早一点，有的植物发芽晚一点，落叶植物生长得快一些，果树生长得慢一些。因此，为了看到植物开花、结果，孩子必须给它浇水、施肥，并且学会耐心地等待。在看到植物慢慢长大之后，孩子幼小的心灵会升腾起一种成就感，获得心理上的满足。

第四，培养孩子热爱大自然的感情。

大自然是慷慨的，只要为它的生命发育付出了劳动，那么它就会支付相应的报酬，让劳动者收获丰硕的果实。正因为大自然神奇的造化之功，我们才滋生出热爱大自然的感情。

孩子对生命是自发地热爱的，他们会与自己精心照料的生命产生一种默契的情感。莱特夫人曾说过，蚯蚓或粪虫很容易引起孩子的兴趣，却很难吸引成人的注意，甚至会让成人感到害怕。这是因为成人已经远离大自然，高度社会化了。孩子的这种兴趣，也可以说是对一切生命的信任之情，是一种爱的表达形式，说明孩子与大自然是相融的。

最能培养孩子热爱大自然的感情的活动要属栽培植物，因为植物在生长过程中会不断地向孩子呈现自己的美，给予孩子很多意想不到的礼物。例如，当孩子栽种了三色紫罗兰、玫瑰、风信子或者蝴蝶花，它们长出来的鲜花、结出的果实，都是大自然馈赠孩子的礼物。大自然似乎在以回赠礼物的形式报答播种者的关爱之情。

在自然教育的影响下，个人的成长与人类文明的整体发展变得一致。照此理解自然教育的作用，就比较容易在实践中实行了。即便没有专门的场地，也可以找几平方米的空地用来栽种植物或是养几只鸽子，甚至是摆放在窗台上的一盆花，都可以用于自然教育。

在罗马建立的第一个儿童之家里，有一块宽大的空地被当作了种植园地。孩子们不仅可以在这块空地上自由地活动，还可以种植植物。

我们将长方形的土地划分成两块，一块种树，另一块则让孩子们自己栽培植物。

　　每到户外活动的时间，年龄较小的孩子就会在这块地上跑来跑去，或者是在树荫下休息；年龄大一点的孩子则会播种、除草或是浇水，期盼着种子早点发芽。

　　由于这块土地紧靠着一栋住宅楼，而且通向一条不怎么行走的路，因此楼上的居民们习惯了将各种杂物或垃圾从窗口直接丢下来，使这块土地被弄得特别脏。当我们在这块土地种上植物之后，我们并没有立刻对居民们提出建议或者任何形式的劝告。但是过了一段时间之后，居民们不再从窗口乱丢东西了。取而代之的是，他们向楼下的孩子投来了关爱的眼神，他们发自内心地尊重孩子们的劳动成果。

手工训练

陶器不仅具备生活和精
神的意义，还可以塑造成各
种各样的装饰品，为艺术家
发挥自己的艺术想象力提供
自由的空间。

手工劳动和手工训练是不一样的，它们的目的完全不同：前者是为了完成某种任务或者增加物质财富而生产出有用的产品；后者是为了完善个人的能力而训练双手。从另一个角度来说，二者之间也是相互联系的，只有双手完善的人才能生产出有用的产品。

福禄贝尔的教育体系主要是通过编织和缝纫对孩子进行手工训练。经过一段短时间的试验后，我认为最好取消这种训练。因为孩子眼睛的调节能力还没有发育完全，如果在硬纸板上进行编织和缝纫，会违背其生理发展的实际情况，给眼睛带来过重的负担，甚至会损害孩子的视力。

不过，我们保留了福禄贝尔教育体系中的泥塑，也就是仿制泥塑品，因为这种手工训练是合理的。只是为了使这种训练方式适合我主张的自由体系，我不会让孩子仿制任何物品，而是让他们按照自己的意愿来塑造物品。

我曾在兰敦教授建立的教育艺术学校看见过一些有趣的训练活动，决定在儿童之家也尝试一下这些训练活动。

教育艺术学校与乔文内扎·金泰尔青年社团同时成立，二者的目的相同，都是为了教育青年有素质地对待周围的环境，也就是要爱护建筑、历史遗迹以及相关物品等。这是文明教育中很重要的一部分。对此，我十分感兴趣，因为儿童之家也需要教育孩子们爱护墙壁、房屋以及环境等。

兰敦教授认为，要通过引导青年鉴赏、热爱艺术，逐步达成尊重物品特别是尊重历史遗迹、历史建筑的目的，而不是通过枯燥的说教来进行文明教育。因此，兰敦教授将教育艺术学校建在了贝利萨柳斯墙旁。它是罗马城墙最富艺术性的一个缺口，在此处可以俯瞰昂伯托·普利莫别墅。虽然这座城墙既不受市政当局的重视，也没有得到市民的爱护，但是兰敦教授对它格外关注，他把城墙的外侧布置成一座幽雅的空中花园，学校就建在花园里。

兰敦教授计划在教育艺术学校复兴陶工艺术，也就是制作陶器的艺术。陶器不仅具有非常大的考古和历史价值，还具有艺术价值，陶工艺术曾经是令意大利与佛罗伦萨引以为傲的一种艺术形式。

陶器不仅具备生活和精神的意义，还可以塑造成各种各样的装饰品，为艺术家发挥自己的艺术想象力提供自由的空间。

每个人都可以根据自己的审美情趣与想象塑造不同的陶器。另外，在教育艺术学校，学生可以学习如何使用陶工旋盘、如何进行不同容器的配方制作、如何焙烧陶胚，以及如何完成工业制陶等各种与陶工艺术相关的内容。

制作小型砖是孩子们最喜欢的训练。孩子们在壁炉中焙烧了砖之后，再用这些砖砌墙。孩子们像泥匠一样，一块砖一块砖地往上砌。当他们砌完墙后，也就对建造房屋的整个过程有所了解了——先在地上挖个大坑，打地基；然后砌墙，建成房屋。这些房子和真房子没什么两样，也有窗户。房子的正面镶有孩子亲手烧制的彩色瓷砖，十分漂亮。砌完墙，孩子们心满意足地欣赏着自己的劳动成果：高高挺立在地面上的小房子，周围生长着他们栽种的植物。

在这个过程中，孩子们不但学会了鉴赏物品、建筑物，还尝试了各种有益的体力劳动和艺术创作等锻炼。

这就是孩子们在儿童之家进行的手工训练。通过这样的训练，孩子们对于制作各种各样的陶器产生了浓厚的兴趣。他们非常珍惜自己的作品，会小心翼翼地保存并为之感到骄傲。

孩子们还会根据自己的想象仿制各种东西，比如鸡蛋、水果等，然后将这些东西放进自己制作的陶器里。有的孩子会用红土做一个简单的陶器，然后将用白土做成的鸡蛋放入陶器。

以上这些手工训练使孩子对人类社会的发展经过有了大致的了解，即人类从土地获取果实、建造栖身之所、制造陶器来煮熟食物，从而由游牧生活转变为定居生活。

感觉训练

我们的教具恰恰相反，
是让孩子自己主动纠正错误，
这是一种自我教育。

在儿童之家，感觉训练是最重要的教学内容。

在实验心理学中，人们通过测量感觉了解测试人的活动情况。在儿童之家，我们使用的教具看起来很像心理测试时用的仪器，会让人误以为是测量颜色、硬度和重量感觉的材料。实验心理学中的触觉测量器是用来进行测量的，但是**在蒙台梭利教育体系中，我们的教具是用来对孩子进行感觉训练的。**

我们都知道，心理测量仪消耗了孩子的大量能量，其中的原因在于，孩子不喜欢这种仪器，因而容易对其产生厌倦。为了避免教具消耗孩子的能量，并引起孩子的兴趣，我们进行了很多实验，并从中选出了那些孩子感兴趣的教具。

在儿童之家创建的第一年，我用许多不同的材料对孩子进行了实验，其中有许多材料我在缺陷儿童学校工作时已经试验过了。通过这些实验，我选出了一些合适的教具，可以满足对孩子进行感觉训练的基本需求。这些教具全部由米兰慈善家协会的"劳动之家"制造。至于如何使用这些教具，我将在后面阐明教育内容时一一说明。这里，我只是提出两点考虑。

第一点，教具是有等级的，有缺陷的孩子和正常孩子对不同等级的教具的反应不同。

面对同一个教具，有缺陷的孩子可能把它当作被动训练的工具，而正常孩子则会主动使用教具进行训练。这一事实让我意识到，自由和观察的方法对于正常孩子是可行的。

假设我们使用立体几何形状的教具来训练孩子用眼睛感知面积的大小。这套教具由一块木板和十根小圆柱体组成，木板上有10个圆形的插孔，小圆柱体的尺寸与圆形插孔的尺寸是一一对应的，并且圆柱体的直径依次递减1毫米。

这套教具的使用方式如下：先将圆柱体从木板上的插孔中拔出来，打乱它们的顺序，然后让孩子将它们一一插入对应的插孔里。

如果是有缺陷的孩子，必须从对比更明显的训练开始，并且在训练之前要进行多项预备训练。如果是正常的孩子，则不需要进行预备训练，可以直接使用上面提到的教具进行训练。这套立体几何形状的教具最受2岁半到3岁的孩子的欢迎。

我曾经让一位有缺陷的孩子进行这项训练。在训练的过程中，我不停地提醒他，让他看着木板和圆柱体。如果他把圆柱体全都正确地插到了木板上的插孔里，我就会让他停下来，不再继续训练。在这个过程中，无论他何时出现了错误，如果他看不出来，我就会替他纠正或者促使他自己纠正。但即使他自己能够纠正错误，也不会表现出开心或者惊奇，表情总是很冷淡。与之形成鲜明对比的是，正常的孩子对这套教具自发地表现出了浓厚的兴趣。即使中途出现了错误或者遇到了其他困难，他们也不喜欢让成人帮忙，而是更愿意自己独立地解决问题。

有研究显示，2～3岁的孩子最喜欢摆弄各种小物品。儿童之家的实验证实了这个论断，也证明了我选择这套教具是正确的。

正常孩子使用圆柱体插件进行训练时，总是表现得十分专注。他会仔细地观察木板上的插孔与圆柱体之间的大小关系，这无疑表明了他对这个训练抱有极大的兴趣。

如果他出错了，例如用一根大的圆柱体去插比它小的插孔，他会发现插不进去，然后便会换其他的插孔继续尝试，直到将圆柱体插入正确的孔里。还有一种相反的情况，比如他把一根小的圆柱体错误地插到了大的插孔中，随后将其他圆柱体也插入了比它们自身大一些的孔中，到最后，这个孩子就会发现自己手里还剩下一根最大的圆柱体，而木板上却空着一个最小的插孔。

也就是说，这套教具有提示错误的作用。当孩子发现错误之后，就可以立刻通过各种方法纠正错误。例如，有的孩子可以靠触摸或摇晃圆柱判断自己是否出了错；有经验的孩子则可以一眼看出错在哪里，并立刻将圆柱体从错误的插孔中拔出来，然后插到正确的孔中。

让孩子能够自己发现错误并纠正，正是开发这套教具的教育意义所在。当孩子把握十足地将每个圆柱体迅速地插入正确的插孔后，这套教具对他来说也就没有什么作用了。

教具可以提示错误，这对孩子是一种无形的指导，可以引导孩子将注意力集中起来观察圆柱体和插孔的大小，而这种观察也正好体现了心理感觉训练。

如果使用福禄贝尔教具，那么在孩子学会使用之前，老师要先进行充足的准备，然后帮助孩子纠正每一个错误。**我们的教具恰恰相反，是让孩子自己主动纠正错误，这是一种自我教育。**

没有一个老师可以教给孩子敏捷的身手，孩子需要通过体育锻炼来获取这种能力，感觉训练也是同样的道理。也可以说，每一种训练形式都是如此，要靠自己的努力训练来获得相应的能力，而不是完全依靠老师的教授。

对旧式学校的老师来说，运用我们的这种训练方法有点困难。其中一个原因便是，当他们看到孩子面对错误而一筹莫展时，怜悯之心开始泛滥，很容易进行干预，帮助孩子纠正错误。殊不知，他们的这种行为会阻碍孩子的自我教育。

正常孩子会反复进行这种训练，只是每个孩子重复的次数有所不同。有的孩子重复次数超过了20次，有的孩子重复了五六次之后就厌烦了。有一次，一个4岁的小女孩反复进行了16次训练之后，我让别的孩子来唱歌，想借此分散她的注意力。可是，这个小女孩无动于衷，依然一遍又一遍地拔出、插进那些小圆柱体。

由于教具可以提示错误并督促孩子纠正，对于老师来讲，除了观察孩子的表现，什么也不需要做。**老师的首要作用是指导孩**

子的自我教育，引导其生理和心理的发展。因此，我更愿意称老师为"指导员"。

最初，这个名称引发了许多人的揶揄，他们都问："不但没有助手，还要给学生自由，那么老师能指导谁呢？"事实上，在这里，老师指导的是孩子的生命和灵魂。

第二点，感觉训练的目的是通过反复训练提高孩子对不同刺激的感知能力。

我们有一套粉红色立方块感觉训练教具。这套教具一共有10个粉红色立方块，最大的一个立方块的边长为10厘米，其他立方块的边长依次递减1厘米，最小的立方块的边长是1厘米。

这套教具的使用方法如下：先将粉红色立方块散放在地上，然后让孩子将它们依次往上垒成一座塔的样子，也就是最大的立方块放在最下面作为塔底，最小的立方块放在最上面作为塔尖。

这个训练最受2岁半孩子的欢迎。每次训练时，孩子会从立方块中挑出最大的那一块，然后按照大小顺序依次选择立方块并将它们垒起来。当塔搭好后，孩子会一把将塔推倒，然后又从头开始垒，搭好了推倒，推倒了再搭，如此循环，且乐此不疲。

概括来说，我们的教具让孩子实现了自主教育，而且还可以借助它们进行感觉训练。这样的训练并不是依靠老师的说教或者提示。

要注意的是，感觉训练不同于通过感觉从周围环境中获取具体的概念。接下来我会举例说明。

想象一下，当一名音乐老师教学生弹钢琴时，他应该做些什么？他会为学生讲解正确的身体姿势和乐谱，示范如何将弹奏指法和乐谱结合起来，然后让学生自己练习。如果这个学生想成为一名钢琴家，那么光靠理解老师教授的知识是不行的。他还需要经过长时间的、极富耐心的反复练习，才能使指关节和肌腱变得灵活，使特殊的肌肉运动更加协调有力。

当然，如果没有老师的指导，单靠练习也不会让一个学生成长为一名真正的钢琴家。

教育的艺术在于合适的干预时机和正确的方式。儿童之家的指导员必须能够明确区分"指导孩子"和"孩子的自我教育"这两个概念。只有当老师对这两个概念理解得十分透彻时，才有可能更好地指导孩子进行自我教育，并给孩子提供必要的帮助。

比如在普拉蒂的儿童之家，这里的孩子都来自中产阶级家庭。其中有一个5岁的孩子，我发现他在开学两周后就掌握了字母表，过了不久，他又知道了怎样将字母拼成单词，并且可以在黑板上写出来。

在进行自由绘画训练时，这个孩子不仅善于观察，还能快速地画出具有立体感的房子和椅子。

在进行颜色训练时，这个孩子可以将8种颜色按照深浅顺序排列好，并且在面对64块缠绕着颜色不同、深浅各异的丝线的小木板时，可以快速地将它们先按颜色分成8组，再轻松地把每种颜色按深浅顺序正确排列。

　　我带这个孩子做了个实验：我将他领到窗户前，让他在自然光充足的情况下看一块带颜色的小木板，并要求他记住这个颜色。然后，我们回到放满各种颜色的小木板的桌子边，让他找出与刚才在窗户边看过的颜色相同的木板。通常，这个孩子选的都是正确的，只是偶尔会出现很小的偏差，选择了与正确颜色相邻的颜色，但是很少会出现选择隔一个等级的颜色的错误。可以说，这个孩子的辨别力和颜色记忆力特别强。

　　不过，当我问他白色线轴的颜色时，他思考了许久才有些犹豫地回答道："白色。"而别的像他这样大的孩子，大都可以很容易地说出这些颜色的名称。

　　指导员告诉我，当她发现这个孩子在记忆颜色名称时有困难之后，便让他将颜色训练和物体名称配对训练结合起来进行，直到他能记住颜色的名称为止。

　　从上面这个例子可以看出，虽然这个孩子感觉灵敏，具有很强的注意力和判断力，但是他记忆名称的能力却相对较弱。

　　将感觉训练和语言训练结合起来，是教授孩子识别颜色和记住颜色名称的好方法，具体有三个步骤。

　　第一步，将颜色和名称联系在一起。例如，向孩子展示红色，并说"这是红色的"；向孩子展示蓝色，并说"这是蓝色的"。接着，把这些颜色放到孩子面前，以便他们观察。

　　第二步，认识相应颜色名称的物品。对孩子说"请把红色的物品给我"或者"请把蓝色的物品给我"。

第三步，记忆相应物品的颜色名称。给孩子展示一件物品，并问："这是什么颜色？"

我用这个方法进行过实验，发现它的确有效。有一天，我教一个还不到3岁的小女孩认识3种颜色。我拿出6个有色线轴，其中，2个是红色的，2个是蓝色的，2个是黄色的。我将线轴按照颜色成对地放在桌子上。我在小女孩面前放了一个线轴，然后让她找出与其颜色相同的另一个线轴，如此进行了三次，让她意识到面前的线轴有三种颜色。接下来，我便按照上面的三个步骤对她进行训练。

最终，小女孩不但认识了三种颜色，还能准确地说出每一种颜色的名称。她高兴得蹦了起来。我笑着问她："你认识这些颜色了吗？"她一边手舞足蹈，一边回答："是的！是的！"

在感觉训练中，感觉隔离是一个很重要的要求，不管什么时候，都要尽最大努力做到这一点。例如要想听觉训练取得更好的效果，就要在黑暗且安静的环境中进行。在进行一般的感觉训练时，如触觉、压力、温度和立体感觉等，都应当蒙上孩子的眼睛，这是为了隔离视觉的刺激，而让孩子更关注将要进行的感觉刺激。对此，心理学上有充足的理论依据。

例如，为了测验孩子们听觉的灵敏度，我常常会先蒙上孩子们的眼睛，然后用不同的音量在不同的位置叫他们的名字。孩子们都屏气凝神地听着，当听到自己的名字后，就会立刻高兴地跑过去。

　　蒙上眼睛往往有助于正常孩子将注意力完全集中在要被训练的感觉刺激上。同时，蒙上眼睛后，如果孩子对刺激的判断正确，他会感到十分自豪。但是，如果对有缺陷的孩子进行这样的测试，其效果就会完全不一样。

　　当有缺陷的孩子被安置在黑暗的环境中时，通常他们会容易犯困或者出现一些颠三倒四的行为。而且当眼睛被蒙上之后，他们会把注意力完全转移到遮挡物上，把训练当成游戏。这样一来，就偏离了最初的训练目的。

　　必须明确的是，教育和训练可以建立在游戏的基础上，但是又与一般的娱乐游戏不同。教育游戏必须达到特定的目的，并且不能分散孩子的注意力。

　　教育先驱伊塔在他的著作中也谈到了这一点。他认为，之前的实验之所以失败，就是因为犯了这样的错误。而且他认为这与被试者的精神状况息息相关。他在文章中写道：

　　"和以往的实验一样，最后一个实验没有必要让孩子重复他听到的声音。这样做会分散他的注意力，也违背了我的初衷——单独训练每个器官。因此，我只要求他关注声音，并初步形成一个和声音相关的概念。为了达到这一目的，我让他蒙上眼睛站在我的面前，并要求他握住拳头。

　　"我对他说，每当听到我的声音时就伸出一根手指。他明白了我的意思，一听到我的声音就立刻激动地伸出了手指。看得出来，他从中获得了快乐。他为什么如此开心，是听到了人的说话声，还是明白了为什么要蒙上他的眼睛？我无从得知。但是总而言之，他是开心的，甚至休息的时候也拿着绷带来找我，让我给他系上，蒙住眼睛。当我给他系上之后，他高兴得跳了起来。

"……我坚信，被试者可以在实验过程中感知到所有的说话声，不管强度如何。

"接下来，我试图让孩子比较这些声音，不仅仅是简单地记住它们，而是能够辨别这些声音的不同之处，学会欣赏它们以及构成音乐的不同音调。这项实验的难度更大一些，常常需要孩子努力地训练很长一段时间后才能看到效果。因此，我们也要更有信心和耐心，和孩子一起克服困难。我相信，最终我们会达到预期的效果。

"首先，我们来比较元音字母吧。在这里，我们用手指来表示不同的字母，例如，大拇指代表'A'，当听到'A'时孩子就伸出大拇指；食指为'E'，中指为'I'，以此类推。最容易辨别的是O，其次是A。要学会辨别其他三个元音字母，有一点难度。然而最终，孩子还是分清了。

"每当孩子难以分辨时，他会手舞足蹈，甚至大笑。笑声让我渐渐失去了耐心。我一用绷带蒙上他的眼睛，他就开始大笑。这让我有点恼怒。"

伊塔觉得再这样下去，他就不能继续这项教育工作了。于是他把蒙在孩子眼睛上的绷带解了下来。结果呢，孩子虽然停止了大笑，可此时他的注意力却被分散了。

　　因此，绷带对于听觉训练来说是必要的存在。只不过需要让孩子知道这是在上课，而不是在玩耍。

　　我希望自己的教育方式是温和的、自然而然的，而不是靠严厉的惩罚来使孩子乖乖就范。因此，我拿上小手鼓，当孩子出错时，就轻轻地敲一下手鼓。可是对于这种纠正，孩子并没有当回事，反而以为我在和他开玩笑，笑得比先前更厉害了。这样的情况让我觉得自己应该更严厉一些。这样的改变取得了效果，但让我悲喜交加。虽然孩子明白了我的要求，可是看得出来，他受到了伤害。他强烈地要求将绷带摘下来。

　　不知道是因为尴尬还是恐惧，又或是别的什么原因，当绷带被摘下来之后，孩子仍然紧紧地闭着眼睛。我看着孩子忧伤的脸，也难过地哭了起来。此时此刻，我有一股强烈的冲动，想要放弃自己的工作，我感觉自己或许不应该专注于教育实验。我为自己不近人情的好奇心感到自责。

　　总的来说，对孩子进行感觉训练时，感觉刺激要有层次性。一个人首先应当接受对比十分鲜明的刺激，再接受对比不鲜明、不易于被感知的刺激。比如，首先让孩子感知最红和最蓝、最短和最长、最薄和最厚等刺激，再感知有细微差别的色彩、长度、厚度等刺激。

感觉训练及教具

他们非常愿意挑战一些新东西，并且很高兴能战胜自己。事实上，这个过程对他们来说就是一种奖励。

一般感觉：触觉、热觉、重量感觉

　　我们可以同时对触觉和热觉进行训练。一般来说，洗澡时，人的热觉比触觉更敏感。触摸是训练触觉的必要手段。此外，将双手放在热水中还能让孩子更爱清洁，例如不用脏手碰东西。所以，我会将洗手、剪指甲等生活概念当成一种准备性的活动，来进行触觉刺激。

　　手指的触觉训练有局限性，但是幼儿教育必须经历这样的阶段，因为这是人通过手指来进行触摸的基础。因此，我们应该用不同的小脸盆装好冷水和温水，然后让孩子分别用香皂洗手和温水清洗，再轻轻地擦干双手，这样就能让孩子学会正确的洗手方式。接下来，就要让孩子学会如何去触摸，也就是用什么方式来触摸物体的表面。这时，我们应当抓住孩子的手，让他们轻轻地触碰物体的表面。

　　还有一个特殊的技巧，那就是让孩子闭上眼睛后再去触摸，告诉他们利用触觉能够更好地分辨事物，并且鼓励他们这样去做。这样就能引导孩子在不用眼睛看的情况下对触感进行区分。

孩子很容易就能学会触摸，并且对此表现出极大的热情。经过初步的训练之后，应该让孩子闭上眼睛，带领他们触摸我们的手掌心或是衣服——最好是用丝绸或天鹅绒质地的布料做的衣服。这样一来，孩子就能锻炼他们的触觉，并且热衷于触摸所有柔软的表面，同时也能够敏感地区分不同砂纸表面的触觉差异。

触觉训练的教具包括：①由两块形状、大小相同的木块组成的一个大长方形木块，它们的表面分别包裹着光滑的纸张和粗糙的砂纸。②一块表面交替包裹着光滑纸张和粗糙砂纸的木块。

此外，我们还可以准备一些粗糙程度不一样的纸条或砂纸，使用其他材料也可以。

我以前设计过用来进行热感训练的教具，这是一套非常轻便的带盖金属小碗，还配了温度计。当碗里装了不同温度的水后，孩子们可以通过触摸碗的外面感受热度。

孩子们对另外一种训练方式也非常感兴趣，那就是将双手依次放入冷水、温水和热水中。我也想过用脚来进行相同的训练，可惜始终没有这个机会。

利用小木块来进行重量感觉的训练是非常有效的。分别准备用紫藤、胡桃和松木制成的6厘米长、8厘米宽、0.5厘米厚的小木块，它们的重量分别是24克、18克和12克。这些木块需要打磨得非常光滑，并尽可能地涂上清漆来覆盖住木头粗糙的表面，而且这样也能保留住木头的天然色泽。通过木块的颜色，孩子就能知道这些木块的重量，这也为重量感觉的训练提供了方便。

首先，让孩子在摊开的两个手掌上各放一个木块，然后让他上下移动双手来感受木块的重量。孩子需要逐渐减小手掌上下移动的幅度，直至最后完全不再移动。我们要让孩子闭上双眼，学会通过重量的差别，而不是颜色的不同来区分不同的木块。这样一来，孩子对"猜木块"的兴趣就会大大增加。

这种游戏会引起孩子的兴趣，手拿木块的孩子被他的同伴团团围住，他们轮流猜测。有时，孩子们会一个接一个地主动蒙上眼睛，并且会因此感到非常开心。

感知训练

感知训练的目的是通过感觉来认识物体，即在触觉的帮助下，通过肌肉的感觉来认识物体。

我们按照这种方式进行了试验，结果非常成功。为了让所有老师了解这种方法，我必须对此做进一步的叙述。

福禄贝尔恩物中的长方体和立方体是我们使用的第一种教具。首先，我们让孩子们睁开双眼，将注意力集中到这两个物体上，并认真感觉它们。这时，为了让孩子们注意到他们面前的物体，可以反复地展示给他们看。然后，让孩子们不要用眼去看这些物体，同时将长方体和立方体分别放到左右两侧。最后，蒙住孩子们的双眼，重复这样的训练。经过两三次尝试之后，几乎所有的孩子都能够准确地完成这项训练。这套教具包含24个立方体和长方体，训练时需要稍微多花费一点精力。尽管如此，由于孩子在进行训练时，周围的小伙伴都对他非常关注，他也感受到了极大的喜悦。

我的一位同事曾经让我观察一个3岁的小女孩，她是儿童之家里年龄最小的一个孩子，却能完美地重复感知训练的过程。我们将24个木块打乱放在桌子上，然后在桌边放置了一张舒适的躺椅，让这个小女孩坐到上面。我们要她观察这些木块的不同之处，然后将长方体放到左侧，立方体放到右侧。接下来，我们蒙上她的眼睛，让她按照要求，两只手各拿一个木块进行触摸感知，并把它们放到正确的一侧。她有时候双手拿的方块一样，有时候不同。孩子通过分辨两个物体的不同之处认识并记住物体。从我的观点来看，要让一个3岁的孩子做到这种程度是非常难的。

我通过观察发现，小女孩完成这一训练时非常轻松，但是对她来说，我们教导的感知物体的方法是比较复杂的。当她拿到木块时，如果左手拿的是立方体、右手拿的是长方体，就会马上交换过来，然后才进行物体感知。也许她觉得很有必要这样做，但是无论如何，她一拿到方块就能够迅速识别并辨认出它是立方体还是长方体。

在接下来的研究过程中，我发现这个小女孩掌握了非同一般的技巧。我非常愿意对此进行更深入的研究，特别是关于如何同时进行双手的训练。

　　我让其他几个孩子也重复了这个训练之后发现，他们在感知到物体的轮廓之前就已经辨认出这个物体了，尤其是那些较小的物体。为此，我们研究了一种很好的训练法来加强感知的联想。通过这一方法，人们可以迅速做出判断，达到令人惊叹的效果。这种方法同样适用于年龄小的幼儿。

　　如同热觉训练一样，我们也可以使用很多方式来重复感知训练。在训练过程中，认识刺激物给孩子带来了非常多的趣味和欢乐。比如，他们会想要拿起玩具士兵、小球以及不同的硬币之类的小物件。他们也慢慢学会了辨别差异十分微小的物体，例如玉米、小麦和水稻。

　　当孩子不用眼睛就能"看"到物体时，他们会感到非常自豪，他们会伸出手大声说："手就是我的眼睛！""我用手就能看见！"这些孩子正在按照我们设想的方式前进，我们每天都会对他们意料之外的进步感到非常惊讶。

味觉和嗅觉的训练

　　在整个感觉训练中，这一阶段的难度是最大的，并且暂未收获任何令人满意的结果。我想这只能表明，心理测量学中常常用到的方法其实并不适合幼儿。

　　孩子的嗅觉还没有发展完善，因此想利用嗅觉来引起孩子的注意是很难的。我们也尝试过一种方法，但是因为重复的次数不够多，所以无法以此为基础形成某种方法论。我们先让孩子闻一闻紫罗兰和茉莉等鲜花的味道，然后蒙上他的眼睛，告诉他："现在，我们要拿一些鲜花给你。"这时，会有一个小朋友将紫罗兰放到他的鼻子下面，让他猜猜是哪种花。我们一般用的花都比较少，有时候甚至只有一朵，目的就是区分不同花香的浓郁程度。

味觉和嗅觉一样，在午餐时间进行才最有效，因为孩子在那个时间可以识别更多的气味。

对于味觉训练，有一个行之有效的办法，即让舌头接触酸、甜、苦、咸等各种不同味道的溶液。4岁的孩子非常喜欢这种游戏，这可能是因为他们喜欢漱口。孩子喜欢尝试各种不同的味道，而且他们学会了在每次训练完后用温水漱口。从这个角度来说，孩子在进行味觉训练的同时也学会了讲究个人卫生。

视觉的训练（不同的视觉感受维度）

木块教学

整套教具包含三套木块，这些木块长55厘米、宽8厘米、高6厘米。每套木块包括10个小圆柱体，它们都被插在木块上对应的孔里。每个圆柱体都像化学实验中使用的砝码一样，顶部的中间有木头或黄铜制成的按钮，以便用手拿起来。第一套木块中，所有小圆柱体的高度都是55厘米，而直径从1厘米开始依次增加0.5厘米。第二套木块中，小圆柱体的直径都是一样的，但是高度不同，从1厘米依次增加到55厘米，每两个相邻的圆柱体的高度相差5厘米。第三套木块中，最小的圆柱体的高度和直径都是1厘米，然后按照从小到大的顺序，高度和直径依次增加0.5厘米。孩子可以通过操作这三套木块，学会根据厚度、高度和体积来区分物体。

老师可以让三个孩子分别玩其中一套木块教具，并且他们还可以将木块进行交换，这样就能增加游戏的多样性了。孩子们首先要将圆柱体从木块中取出来放在桌子上，然后将它们混合在一起，最后将它们放回原本的圆孔中。我要说明的是，这套教具使用的材料是抛光之后上了清漆的硬松木。

想感知不同维度的物块，可以使用三种不同的教具，每种教具最好准备两套。

（1）厚度。这一套教具由10个薄厚不同的四棱柱体组成。每个棱柱体的长度都是20厘米，底边从10厘米开始依次递减1厘米。这些棱柱体都被画上了黑灰色的标记。孩子们会将这些棱柱体混合之后放在地上，然后按照厚薄进行排序，使这些棱柱体的厚度从低往高递增。孩子可以自愿选择是从最厚的棱柱体还是最薄的棱柱体开始。在圆柱体训练中，一旦出错就会明显地体现出来，因为大的圆柱体是无法放进比它小的圆孔里的。同样，如果把高的圆柱体放进矮的孔中，也会凸出来。我们将这个游戏称为"大排序"，孩子可以在游戏中轻松地发现错误，因为一旦出了错，教具的排列会看上去十分混乱，例如原本应该上升的高度突然降了下来。

（2）长度。这一套教具包括10根长短不同的木棒。木棒的底面都是边长为3厘米的正方形，长度则从1米到10厘米依次递减。木棒上有红蓝交替的标记，每两个标记之间的间隔是10厘米。当我们把这10根木棒按顺序紧挨着放在一起时，它们会组成一个三角形，而且那些红蓝色的标记线会整齐地排列成三角形的一条条截线。此外，随着斜边的变化，我们还能看到一些红蓝交替的长方形。

我们要先将这些木棒的顺序打乱，然后让孩子对它们进行排序。孩子不仅需要按照木棒的长度排序，还要观察相应的颜色。如果在训练的过程中出了错，也有很明显的提示，那就是如果三角形斜边的颜色看上去毫无规律，那就表示木棒的顺序有误。

就像我们见到的那样，这种教具的主要应用范围是算数。孩子们通过这种教具，可以学会从1数到10，对加法有一些了解，还可以初步接触十进制和公制体系。

（3）体积。这套教具包括10个粉红色立方体木块，以及一小块非常光滑的绿色毯子。其中，最大的木块的边长是10厘米，最小的木块的边长是1厘米。这个训练的做法是将这10个木块按照大小顺序搭建成一个塔，最大的木块是地基，最小的木块是塔尖。孩子在玩这个游戏时，先将毯子铺在地上，然后把木块散着堆放在毯子上。在玩游戏的同时，孩子还能练习跪下、起立等动作。如果搭出来的塔的形状不规则，那么明显是木块被放错了位置。起初，孩子们最易犯的错就是混淆第一大和第二大的木块，即将第二大的木块放在最底层，然后将最大的木块放在第二大木块的上面。我曾经在测试德桑迪斯有缺陷的孩子时发现，哪怕经过反复的练习，孩子们还是会出现相同的错误。当时我问孩子们："最大的木块是哪个？"他们并不会拿起最大的那个木块，而是会拿起第二大的。

孩子们可以充分利用上面三种教具进行训练。例如，我们可以把这些教具的所有部件混合在一起，然后按照不同的类别将它们有序地放在邻近的几张桌子或者地毯上。每当孩子走过去挑选的时候，都必须十分专注，因为他必须记住拿起来的教具所处的位置。这种训练适合4～5岁的孩子。

3～4岁的孩子更适合将教具混合后在原地排序的训练。而对3岁以下的孩子来说，用粉红色立方体木块搭建宝塔则非常有吸引力，他们常常会在搭建完成后就将塔拆掉，然后重复地训练。

感知形状的视觉训练和视觉—触觉—肌肉训练

教具

这里使用的是平面几何形状的木制教具，包括两块紧紧地粘在一起的木板，下面的那一块非常结实，上面的那一块则打了许多不同几何图形的洞。还有一些与木板上的洞对应的几何图形木块，为了方便拿起来，这些木块都有一个小铜柄。

伊塔和塞昆使用过这种教具。我也曾经在缺陷儿童学校里用过这种教具。使用方法就是把那些不同几何图形的木块放到木板上对应的洞里。

在缺陷儿童学校时，我把识别颜色的训练和识别形状的训练进行了区分。用来进行识别颜色的感觉训练的木块都是圆形的，而用来进行识别形状的感觉训练的木块都是蓝色的。

经过多次针对正常孩子的试验之后，我完全放弃了通过平面几何形状的教具来训练孩子对颜色的感知能力，因为这个教具无法对出现的错误做出提示。

我还是会使用几何图形的木块，不是将它们用于识别颜色的训练，而是用于识别形状的训练。这种教具的制作灵感来自我在罗马一所优秀的手工培训学校参观时得到的启发。我在那里发现了各种几何图形的木头模型，它们可以被放到对应的框架里。

这样一来，我想到了怎么对之前的几何图形教具进行改进。我做了一个宽20厘米、长30厘米的长方形托盘，并将托盘涂成深蓝色。托盘上面用木制框架分成了6格，每一格中有不同形状的洞，如圆形、三角形等。我还准备了一些黑色正方形木块，这样一来，至少有两到三个几何图形可以同时被呈现出来。

此外，我在这套教具中还添加了三套白色的正方形卡片，这些卡片的边长都是10厘米，可以展示不同的几何图形：第一套是用蓝的纸剪出几何图形，并贴在白色卡片上面制成的；第二套是用相同的蓝色纸剪出几何图形的轮廓线，然后贴在白色卡片上制成的；第三套则是用黑色笔在白色卡片上画出不同几何图形的轮廓线。

由此可见，这套教具包含一个托盘、若干带有几何图形洞的小框架、相应的不同形状的几何图形木块以及三套卡片。

为了方便教学，我设计了一个能同时放下6个托盘的盒子。盒子里面的托盘可以像抽屉一样被抽出来。第一个托盘里是4个正方形、1个菱形以及1个梯形；第二个托盘里是1个正方形和5个长度一样、宽度各异的长方形；第三个托盘里是6个直径逐渐递减的圆形；第四个托盘里是6个三角形；第五个托盘里是从五边形到十边形的6个多边形；第六个托盘里是其他特殊图案，包含椭圆形、卵圆形以及花瓣形等。

用这套教具进行训练时，首先要让孩子观察框架里的几何图形。然后，将这些小木块拿出来放在桌子上，并且打乱顺序。最后，让孩子将这些小木块放回正确的位置。哪怕是年龄很小的孩子，也能长时间地被这个训练吸引住，只是它的吸引力不如圆柱体插件教具那么大。在这个过程中，孩子需要花费大量的精力，因为他必须认真观察并辨认那些形状。

刚开始训练的时候，很多孩子要经过多次尝试才能获得成功。例如，一开始他们可能会混淆部分形状，例如将三角形木块放入菱形框架的洞里或是正方形框架的洞里。失败过很多次之后，孩子才会真正认识这些几何图形，并且能够将不同形状的木块放回正确的位置。

这样的训练让孩子将视觉和肌肉触觉联系起来，帮助他们更快地认识形状。我会让孩子用食指去触摸木块（这里的触摸不仅是用手指接触物体，还包括沿着物体的轮廓移动手指的过程），然后再触摸用来放置木块的框架中洞的轮廓，以此来加深对木块形状的印象。

对有缺陷的孩子进行研究之后，我发现肌肉感觉是所有感觉记忆中最有优势的。事实上，很多孩子都不能通过视觉认识物体，却可以通过触觉实现这一目的。当他们不知道该把物体放到什么位置的时候，所有的尝试都是毫无结果的。但是，一旦他们触摸到了物体以及它的轮廓，就能够快速且准确地将物体放到对应的位置上。毋庸置疑，如果将肌肉触觉和视觉结合起来，就能对孩子感知形状产生非常大的帮助，并且加深他们的记忆。

在认知形状的训练中，一旦出现错误就会表现得非常明显，因为所有物体对应的位置都是唯一且固定的。这样一来，孩子们就能够独立进行训练，真正实现认知形状的自我教育。

三套卡片的使用方法如下。

第一套卡片：先准备一些几何图形木块和有对应图形的白色卡片，并且将卡片全部打乱；然后让孩子按照自己的喜好重新将这些卡片按顺序摆好；最后将木块放在对应的卡片上。

这个训练主要考验的是视觉。孩子只有认识了这些图形，才能把木块放到正确的卡片上。而且为了找出正确的卡片，孩子必须触摸卡片上图形的轮廓。当孩子把木块放到卡片上以后，还要用手指触摸图形的轮廓，对木块的位置进行调整，直至完全盖住图形为止。

第二套卡片：为孩子准备一些有蓝色轮廓线的卡片及对应形状的木块。此前孩子只有处理实物的能力，但是现在，他们面对的是抽象的线条，也可以说是并不存在的平面图形。孩子可以通过这种训练慢慢实现从具体到抽象的过渡。

当孩子的手指触摸卡片上的轮廓线时，就产生了运动轨迹。我们必须牢记，在此之前，必须让孩子触摸真实木块的轮廓。

这套卡片的使用方法和第一套类似，就是将几何图形的木块放在对应轮廓线的卡片上。

第三套卡片：先让孩子观察用黑色笔画在卡片上的几何图形，并为他们准备对应的木块。这个时候，孩子对图形的认识已经过渡到抽象的阶段了。

如果让孩子用手触摸卡片上的线条，可以让孩子看到自己手指的运动轨迹，有助于孩子认识形状。

感知不同颜色的视觉训练

在进行认知颜色的视觉训练时，我们使用的教具是一些由不同颜色的丝绸或毛线包裹起来的木板。孩子们在使用时必须拿住木板的木质顶端，才可以避免破坏木板的颜色，教具的使用寿命也更长一些。

这套教具一共有64块颜色板，包含8种基本色，每种基本色又分为8种不同的深度。这8种基本色分别是：黑色（从灰色到白色）、红色、橘红色、黄色、绿色、蓝色和紫色。

我们准备了两套这样的颜色板，这样一共就有128块了。同时我们准备了两个被平均分成8份的盒子，每个盒子装一套颜色板，每种基本色可以区分开。

一开始进行认识颜色的训练时，我们会选择三对差异最明显的颜色板，比如红色、蓝色和黄色，一共6块，然后将它们放在桌子上。我们先让孩子看其中一块颜色板，然后让孩子从剩下的5块中找到与其颜色相同的那一块。我们可以利用这种方法，让孩子按照颜色对颜色板进行两两对应的排序。

训练的难度可以慢慢增加，例如可以增加颜色板的数目，最多可以增加到一次8种颜色，共16块颜色板。

在认识对比鲜明的颜色的训练完成之后，就可以选用一些相对柔和的颜色了。到最后，我们可以使用同一色系不同深度的颜色板来让孩子按照深浅度对它们排序。

我曾经在一所儿童之家看到过一个很有趣的训练活动，它非常成功，而且孩子们完成训练的速度快到让人惊讶。整个过程是这样的：

老师按照人数在一张桌子上放几组颜色，例如，三个小朋友，三组颜色。老师会指定或者让小朋友自己选择一种颜色。接着，老师会打乱桌面上的颜色，然后让孩子从中找到刚才的颜色组并进行排序。这样，孩子就排列出了由浅到深逐渐变化的颜色带。

而在另外一所儿童之家，我发现孩子们会把整盒的64块颜色板胡乱地倒在桌子上。然后，他们会给这些颜色板进行分组，并且按照深浅度进行排序。令人吃惊的是，孩子们竟然能够很快就学会分辨这些颜色，才3岁的孩子就已经能够按照颜色和深浅度进行组合排序了。

我们还设计了颜色记忆实验。步骤如下：首先，给孩子足够多的时间来观察一块颜色板，同时把其他所有的颜色板都放在桌子上；然后让孩子从中找出刚才的那块颜色板。

孩子们在这个实验中取得了极大的成功，他们犯错的次数非常少。5岁大的孩子对这个游戏非常感兴趣，他们会仔细对比两块颜色板，然后确认自己的选择是否正确。

在实验之初，我使用过一个皮佐利发明的器具，它是一个能够旋转的、有半月形开口的灰色圆盘。当圆盘旋转时，我们能从开口处看到各种各样的颜色。

在使用圆盘的过程中，老师会让孩子将注意力集中在某个特定的颜色上，然后转动圆盘。当孩子从圆盘开口处发现了刚才记住的颜色时，就要说出来。进行这个训练时，孩子们并不活跃，主要原因是他们很少接触这个器具。因此，这种教具对于颜色的视觉训练并没有太大的帮助。

听觉训练

如果能将德国和美国大部分聋哑学校中用来进行听觉训练的教具与我们常用的教具结合起来，那将是一件非常好的事情。对于语言学习来说，这种训练是一个必经的初始阶段，它使用了一种特别的方式，目的是让孩子在辨别声音时将注意力集中在噪音的变化上。

语言训练对于特别小的孩子非常重要。这种训练还有一个目的，那就是让耳朵对噪声非常敏感，让孩子能够将轻微的噪声和普通的声音区别开。这种感觉教育是非常有价值的，因为它训练了孩子对声音的美感，并且对孩子的实际生活很有帮助。

我们都很清楚，孩子会通过叫喊或让物体发出噪声来破坏原本和谐的环境。而听觉训练则有助于孩子避免发出与环境不协调的噪声。

我们很难让孩子进行那种严格的科学性听力训练，因为听觉和其他感觉不一样，孩子并不能通过自主性活动来进行相关训练。只有在环境绝对安静时，孩子才会偶尔注意到乐器发出的不同的声音。也可以说，绝对安静是让孩子进行听觉训练的必要条件。

米兰的儿童之家的第一位主任是马切洛尼，他发明了这样的装置：悬挂着13个铃铛的木架。这13个铃铛拥有完全相同的外形，当它们被小锤敲击时，会产生振动并发出13个不同的音符。

整个设备包括两套这样的铃铛木架以及4把小锤子。在老师示范了敲击第一套木架上的某个铃铛之后，孩子们需要敲击第二套木架中的铃铛并找出相同的声音。这种练习对于孩子来说非常困难，因为无法做到每一次敲击都使用相同的力量，所以每次敲击铃铛时发出的声音会产生非常大的变化。因此，我们觉得这套器具并不实用。

我们还使用了皮佐利的一组小口哨来让孩子分辨声音。我们有时会在小盒子中装上沙子或小卵石等不同物品，这样就能够通过摇晃盒子发出不同的声音。

在进行听觉教学时，我采用了这种方式：在老师通过常用的方式让所有学生都安静下来之后，我才开始工作，以便让教室里更安静。

我会一直说：“安静！安静！”声音时而尖锐时而轻柔，有时将声调拉长，有时又很短促。孩子们渐渐地被我富有变化的语调吸引了。

我会继续说：“安静！安静！”然后用更低音量的声音告诉孩子们：“请再安静一点。”

接下来，我会轻声说：“现在，我能听到钟表走动的滴嗒声，还能听到苍蝇扇动翅膀的嗡嗡声，我甚至能够听到外面树木的低语。”

孩子们变得很兴奋，但是保持着一种绝对安静的状态，好像整个房间都空空的了。

我会小声说："所有人都闭上双眼吧。"孩子们慢慢熟悉了绝对安静的状态。如果在这个时候，有一个孩子不小心弄出了声音，只需要一个眼神或者手势示意他，他就会立刻回到之前安静的状态。

这时，我们开始制造一些声音，甚至是噪声。一开始，这些声音之间会有非常强烈的对比，但是慢慢地，它们会变得很相似。

伊塔使用的制造声音的工具鼓和铃铛是最有效的。有时，我们会使用口哨或盒子，但是孩子们似乎对口哨和盒子不太感兴趣，因此无法像其他乐器一样用来训练他们的听觉能力。

我认为声音悦耳的铃铛是不错的听觉训练教具。它的声音有时平静，有时甜美，有时清纯，让孩子们听起来十分舒服。除了可以训练听觉能力，铃铛的声音还可以让孩子们体验到令人舒适的振动感。我相信，孩子们在经过这种训练之后，身体对噪声的敏感度会变得非常高，他们会因此讨厌并且不再制造噪声。

音乐教育

进行音乐教育时必须使用一定的指导方法。在我们眼中，孩子就像动物一样，无法感受到音乐的美妙之处，因此才会对音乐家们的作品毫无反应。当孩子在一起大声喊叫时，发出的不是乐声，而是一种噪声。

想要进行音乐教育，就要同时使用乐器和音乐。乐器可以唤醒节奏感，弹奏乐器可以协调肌肉运动，也能够在弹奏的过程中对声音进行分辨，而且肌肉本身也会在平和稳定的音乐声中振动起来。

我认为最适合音乐教育的是弦乐器（例如竖琴）。使用弦乐器、铃铛和鼓配合进行三重奏，是可以展现出人性的经典方式。竖琴被称为"我们最亲密的生活伙伴"。传说中的乐神奥菲斯手中拿的就是竖琴，一些民间故事中的神仙也会拿着竖琴，在某些爱情故事中，公主就是拿着竖琴征服了邪恶王子的心灵。

在进行音乐教育时，老师要先将孩子们都召集到自己的身边，但是不能限制孩子们的自由。然后，老师拨动琴弦，弹奏简单的音符，这样就容易吸引孩子的注意力，让自己与孩子、孩子与孩子之间进行心灵上的沟通。

如果老师能够一边弹奏一边吟唱就更好了，孩子们则可以自由地选择是否要跟老师一起吟唱。老师最好实行"适应性教育"，也就是选出适合所有孩子一起吟唱的歌曲。这样一来，老师就能够发现什么时候所有孩子都能跟上节奏，什么时候只有年龄较大的孩子能跟上节奏，然后老师就可以根据不同的年龄来选择复杂程度不同的节奏。

不管怎样，最适合用来激发孩子音乐天赋的乐器，就是那些最简单的乐器。

在米兰的儿童之家，有一位主管是一个非常有天赋的音乐家，我曾经让她做过一系列实验，目的是更好地了解孩子们的音乐能力。

在实验过程中，她用钢琴弹奏了不同的节奏，同时观察孩子对节奏的反应。她还配合着音乐的节奏编排了简单的舞蹈，想看看节奏是如何影响孩子肌肉运动的协调性的。

她发现，伴随着这种音乐，孩子们会自发地做出一些动作，表现出了令人惊讶的智慧和艺术天赋。而且，无论孩子们的社会背景如何，几乎都做出了相同的跳跃行为，这令这位主管非常震惊。因为她非常认同自由式教育方法，认为跳跃并不是什么错误的行为，因此她没有阻止孩子们这样做。

但是后来她发现，如果重复这样的节奏训练，孩子们的跳跃行为会慢慢减少，直到最后完全停下来。

有一天，她询问孩子们为什么不跳了。年龄小一点的孩子只是看着她，并没有回答。年龄大一点的孩子则告诉她许多不同的答案，但这些答案都是相同的意思：

"跳跃不太好。"

"跳跃不好看。"

"跳跃太粗鲁了。"

这让我们知道了，孩子们的肌肉感觉是可以被训练的。而且我们还注意到，如果伴随着其他形式的感觉记忆进行肌肉记忆，那么这种对肌肉感觉的训练将会变得无比精妙！

测试听觉敏感度

在儿童之家进行的所有实验中，有个利用了钟表和极低的说话声的实验取得了完完全全的成功。我们无法依靠这个实验来测量感觉，但它非常实用，因为我们可以借此大概了解孩子的听觉敏感度。

整个实验的过程如下：当孩子们进入相对安静的状态之后，就让他们留意钟表的滴嗒声，以及那些平时我们没有注意过的噪声。之后，我们会要求他们用非常小的声音逐个说出自己的名字。

在进行这个实验之前，我们必须让孩子们理解什么是真正的安静。为此，我准备了几个小游戏，以加强孩子们的纪律观念。

我会让孩子们将注意力集中在我身上，让他们观察我的状态。我会变换站立、坐下等许多种姿势，但始终保持安静。实际的情况是，保持绝对的安静并不容易，即使动一下手指头也是会发出声音的，只是我们很难察觉到。

我挑选出一个小朋友，让他学习我的动作。他想将自己的脚调整到一个舒服的位置，然而发出了声音！他活动了一下手臂，然后将手臂伸出来放在椅背上，他做这个动作时也发出了声音。同时，他的呼吸声也不是安静而平稳的，他无法像我一样保持绝对安静的状态。

很多孩子都对这个活动非常感兴趣，因为他们以前从来没有留意过这一切，换句话说，我们竟然从未发现自己制造了那么多噪声。

我平静地站在房间中央，孩子们津津有味地看着我。紧接着，孩子们开始模仿我，甚至有的孩子比我做的还好。在这个时候，我会非常注意自己的动作，因为就算是不经意地动一下脚也会发出声音。而且，孩子们为了保持安静，也都非常注意自己的动作。

当孩子们努力这样做的时候，我们就达到了安静的状态，这种安静并不是我们平时所说的安静。这种安静让人感觉生命仿佛逐渐消失了，整个房间好像也空了。

在这种安静的状态下，我们很容易就能听到钟表的嘀嗒声，而且随着房间里越来越安静，嘀嗒声也越来越清晰。我们还听到了其他噪声，例如小鸟的鸣叫声、孩子跑来跑去的声音等。

孩子们坐在教室里，感受到了令人陶醉的安静，就好像被征服了一样。一位老师从教室旁边经过，说道："孩子们好像都出去了，房间里没有人。"

当做到这种程度之后，我会把窗帘拉上，让孩子们闭上眼睛休息。孩子们照做了。在没有光亮的房间里，绝对安静的状态再一次出现了。

这时，我对孩子们轻声说："现在认真听一下，有人在用特别轻柔的声音叫你的名字。"接着，我走到隔壁房间的门后，然后开始说话。我的声音特别轻柔又不断回响，就好像是从遥远的山峰上传来的一样。这种很难被听到的声音好像深入了孩子们的内心深处，唤醒了他们的灵魂。

我一个接一个地叫孩子们的名字。每个被叫到名字的孩子都会将头抬起来，睁开双眼，脸上的表情看起来非常幸福。接着他会站起来，在不挪动椅子的情况下，踮起脚尖轻轻地走出房间。他尽量不碰到任何东西，然而他的脚步声在安静的房间中回荡起来。

当孩子们被叫到名字的时候，仿佛自己拥有了特权，或者像收到了礼物或得到了奖赏一样。虽然他们很清楚我会叫到每个人的名字，但是他们认为"最安静的那个孩子会第一个被叫到"。因此，为了得到这种奖励，所有的孩子都努力让自己变得安静。

有一次，我看到一个3岁的孩子想打喷嚏，但是她屏住呼吸，努力忍着，最后她做到了！这种努力的意志真是太让人吃惊了。

这个游戏给孩子们带来的快乐超乎我们的想象。他们获得的巨大的快乐能从其专注的表情、耐心且安静的行为中表现出来。

刚开始，我还不太了解孩子们的内心，想准备一些糖果和小玩具给被叫到的孩子当作奖励，认为只有这样才能激励孩子付出努力，但是很快我就发现我错了。

孩子们努力保持了安静的状态之后，就享受到了安静给他们带来的快乐，这种感觉就像将船舶停靠在安全的港湾一样。**他们非常愿意挑战一些新东西，并且很高兴能战胜自己。事实上，这**

个过程对他们来说就是一种奖励。

这个实验非常成功，在我把全班40个孩子逐个叫出房间的这段时间，他们始终保持着一种安静的状态！

从那时起我意识到，孩子的心灵获得奖励和快乐的方式非常独特。经过这个训练之后，孩子们似乎和我更亲近了，他们越来越愿意听我的话，也越来越懂礼貌。在游戏的过程中，我和孩子们一起与外面的世界隔离了，我们之间的距离也变得非常近，似乎达到了心灵相通的程度。

有关安静的课程

有一个可以让孩子学会保持安静的方法，这个方法被实验证实是非常成功的。

有一天，当我走进儿童之家，在庭院中遇到了一位正抱着4个月大婴儿的母亲。她按照罗马人的习惯把自己的孩子包裹起来（罗马人会用一个叫"布帕"的布带子将婴儿包裹起来）。这个婴儿非常安静也很平和，我把他抱了起来，他就静静地躺在我的怀里。然后我向教室走去，这时很多孩子从教室里跑出来迎接我。

孩子们对我很热情，他们经常会用双手抱住我，并且抓住我的裙子。在他们的簇拥下，我常常差一点就摔倒了。

这一次，我冲孩子们笑了笑，让他们看看我怀中的婴儿。孩子们都明白了我的意思，没有再伸手触碰我，只是开开心心地站在旁边看着我。

我抱着婴儿和孩子们一起走进了教室。所有人都坐下了，但是这次我没有像往常一样坐在孩子们的小椅子上，而是选择了一把大的椅子。这个时候，大家都没有说话，孩子们看着我的目光既快乐又温柔。

我告诉孩子们："我为你们找来了一位小老师。"有的孩子感到很惊讶，有的孩子则笑了起来。"确实是一位小老师，因为你们都无法像他一样安静。"孩子们听了我的话以后，都安静地坐好了。"你们中也没有任何人可以像他那样放好自己的手和脚。"于是孩子们开始留意自己手脚的摆放位置。

我笑着对孩子们说："你们都无法像他一样保持安静，因为你们或多或少都会挪动位置，而他却能做到纹丝不动。"

孩子们的表情都变得严肃起来，看来这位小老师开始发挥作用了。有的孩子眼中带笑，似乎在说："这个婴儿值得表扬。"

我接着说："他可以不发出任何声音，而你们做不到。你们不可能像他一样安静，他的呼吸声是如此的轻，你们可以走过来听一听。"

有几个孩子站了起来，迈着轻巧的脚步慢慢地走了过来，然后弯下腰去聆听这个婴儿的呼吸声。孩子们充满惊讶地观察着这个婴儿，他们从没想过轻轻的呼吸声也会变成噪声。而与大人相比，婴儿能达到的安静程度更高。

在观察的过程中，几乎所有的孩子都屏住了呼吸。我站起身来，对他们说："踮起脚尖，保持安静，一起轻轻地走到外面去吧。"

孩子们按照我的要求做了。我跟在他们身后，继续说："我依然能听见一些声音，但这个小婴儿是安静的，他没有发出任何声音。"孩子们都笑了，他们明白了我的意思。

婴儿的母亲一直看着我们，我走到窗边，把婴儿送回了母亲的怀中。

这个婴儿似乎深深地吸引了孩子们，并且牢牢地抓住了他们的心灵。是的，在这个世界上，刚出生的婴儿是最美好的。这个沉睡的婴儿聚集了新生命的全部力量。与此相比，用语言或文字描述出来的安静已经失去了其本质上的力量。孩子们也有相同的感受，他们已经了解了人类新生命的安静所包含的诗意和美好。

进行感觉训练时
要注意的事项

在大多数情况下，没有
实践经验的帮助，智力会变
得毫无用处，而这些实践经
验几乎都来自感觉教育。

　　我并不认为自己找到了对孩子进行感觉训练的完美方法。但是我坚信，我确实为心理研究开辟了一个新的领域，这代表着我们将来有可能收获大量有价值的成果。

　　实验心理学对一种完美的方法非常关注，我们可以通过这种方法对感觉进行测量。但是暂时还没有人试图提出个体感觉方法论。在我看来，当心理测量学进一步发展时，人们会将更多的注意力集中到个体而非完美的方法上。

　　总体而言，我们的教育目标包括生物学和社会学两个方面。从生物学的角度来看，我们希望能够让个体有效地进行自然发展；从社会学的角度来说，教育的目标是让个体可以适应周围的环境。正是从后者出发，才使技术教育获得了应有的重视，因为它让个体学会了怎样利用周围的环境。而无论从哪个角度看，感觉教育都是最重要的。在智力还未开始发展的时候，感觉就已经开始发展了，3～7岁的孩子正处于感觉形成时期。在这个时期，我们可以对孩子的感觉发展提供帮助，这就如同在语言能力得到完善之前给予他们一些必要的帮助一样。

　　对于孩子的教育，必须遵循一个原则：帮助他们自由地进行生理发展和精神发展。

这两个方面的教育时常会同时进行并相互影响，不过不同年龄的孩子，其发展重点有所不同。孩子在3～7岁时，身体正在迅速地发展，这时期是和智力有关的感觉活动形成的时期。这时，孩子会发展自己的感觉，并且在好奇心的引导之下，对周围的环境也更加关注了。

正是在这一时期，孩子的注意力被各种刺激和事物吸引，因此，我们应该有目的、有计划地引导孩子的感觉刺激。我们需要通过训练帮助孩子发展感觉能力，并让他们的各种感觉得到理性的发展。经过这种感觉训练之后，孩子可以形成清晰且强大的心智。

此外，通过感觉教育，我们也能够发现目前在学校中无法观察到的缺陷，并且让这些缺陷得以改善。如果有孩子因为利用不了自身的感觉，而表现出诸如失聪或近视等缺陷，我们应当对此充分地利用并进行教育。虽然这种教育是针对生理的，但其直接目的是发展智力，因为它能让器官的感觉、神经的反应和联系变得更完善。

但是，教育只能间接地让个体与环境联系起来。我们只是采用自己的方式让孩子了解这个时代的人性。

当代文明社会中，人类具有出色的观察周围环境的能力，因为我们必须对环境中丰富的资源加以最大程度的利用。观察是实证科学进步的基础，同样，实证科学的发现和运用也需要通过观察得以实现。在过去的一个世纪，正是因为有实证科学的发现和运用，我们的环境才获得了极大的改变。因此，为了现代文明生活的发展，对下一代人进行这种观察训练很有必要。我们必须用这种思想来武装自己，这是人类继续进步必须采用的方式。

众所周知，人类通过观察才发现了伦琴射线。用同样的方法，人类发现了电磁波、元素镭的放射性，并发明了电报。人类历史上任何一个时期都无法像现在这样，能够通过实证研究获得如此巨大的财富。与此同时，新时代也给沉思性哲学和精神性问题带来了启发，在相关物质理论的基础上，形成了十分有趣的形而上学的概念。我们也可以这样认为，人类在观察的同时，也明确了精神发展的方向。

而且，正是通过感觉训练，人类才成为最出色的观察者。这种训练除了能够让人们适应现代文明，还能让人们学会面对现实生活。在我看来，人们一直错误地理解了什么是实际生活中必要的。我们习惯从理念开始，接着进入运动神经活动。例如，教育孩子时，通常我们先进行智力教学，然后才让他们学习道德准则。在教学过程中，我们讲授的都是自己感兴趣的内容。

现在，如果我们让学者去实现其著作中的一些目标，那么即使他们对书中所说的内容理解得很透彻，但真正执行起来也是非常困难的，这是因为忽略了教育过程中最重要的感觉因素。关于这一点，我可以举例说明。例如，当我们让一名厨师买新鲜的鱼时，他能理解新鲜的含义，并且会按照这个要求去购买。但是，如果这名厨师没有进行过相关训练，不知道如何利用视觉和嗅觉来判断鱼新鲜，那他就不会懂得怎么才能买到符合我们要求的鱼。

如果缺失某种感觉，在烹饪时更容易表现出来。一位厨师也许通过书本清楚地知道了各种菜品的配方和烹调，也可以通过精心的摆盘让菜品看起来更漂亮。但是，一旦需要他用气味、视觉或味觉来判断应该将烹调时间控制在多长或者什么时候可以放佐料时，如果他没有进行过感觉训练，那么发生错误的可能性就非常大。

一个厨师想要获得这样的能力，必须经过长时间的实践。烹饪上的实践其实就是感觉训练，但是对于成人来说，这种训练的难度特别大。这也是我们很难找到一名好厨师的原因之一。

对于医生来说也是如此。一名医学院的学生掌握了各种医学理论知识，了解了脉搏的各种特征，然后怀着最大的善意坐在病床边给病人把脉，希望利用这些知识解除病人的痛苦。然而，如果他的手指无法清晰地分析各种感觉，那么他的所有治疗都是无效的。他要想成为一名医生，一定能够敏锐地区分不同感觉的刺激。

为什么一个聪明、博学的医生不一定是好医生？对此我们不难理解。因为成为一名好医生的前提是经过长期的实践。长期的实践其实就是一个缓慢且低效地训练感觉的过程。空有大量的医学理论知识，却缺乏实践的医生在面对实际工作时会遇到很多困难，因为他无法通过感觉诊断和治疗病人。

为了确认悸动、共鸣、呼吸以及其他声音，医生会测试病人的心跳和振动，并进行听诊，这样对确诊有帮助。但是很多年轻的医生都对此不以为然，觉得这样做是在浪费时间。他们之所以这样认为，就是因为小时候没有进行充分的感觉训练。如果这样的人从医，这样的行为是非常不道德的，因为医生是一个责任重大的职业。从这个意义上来说，感觉训练是医学的基础。普通学校有责任培养合格的医生。哪怕一个医生的智力十分高，只要他没有良好的感觉，那么他就是一个无能的医生。

有一天，我听到一位外科医生在给一些贫困家庭的母亲传授知识，教她们如何辨别孩子身上出现的早期佝偻病症状。这位医生想要她们将患了佝偻病的孩子带过来，因为如果在佝偻病的早期阶段实施治疗，效果还是很好的。

这些母亲虽然明白什么是佝偻病，却不会识别早期的症状，因为她们没有进行过相关的感觉训练，而感觉训练的缺乏让她们无法将佝偻病和轻微反常区分开。

由此看来，这些课程并没有什么作用。其实，我们只要认真思考一下就会发现，不管什么形式的食品掺假，几乎都是因为大众的感觉比较迟钝。造假工业存在的基础是大众缺乏感觉训练，正是受害者的无知才让造假者获得成功。我们很清楚，消费者通常都认为商人是诚实的，他们完全相信大公司以及商品上的标签。之所以会这样，是因为这些消费者没有能力做出独立的判断，他们无法依靠自己的感觉对不同的物质进行区分。其实，**在大多数情况下，没有实践经验的帮助，智力会变得毫无用处，而这些实践经验几乎都来自感觉教育。所有人都清楚，准确判断不同刺激在实际生活中是非常重要的。**

然而一般来说，对成人进行感觉教育，就如同要将一个成人培养成一名钢琴演奏家一样，有很大的难度。为了完善感觉教育，我们必须在感觉的形成阶段，也就是婴幼儿时期就开始系统地训练感觉，并且在整个教育阶段都坚持下去，这样才能培养个体适应社会生活的能力。

美学、道德教育和感觉训练的关系非常密切。当感觉被深化之后，我们就能发展分辨不同刺激的能力，锻炼敏感性，也会获得更多的快乐。

对比并不能产生美，和谐才可以，而和谐本身就是一种精炼。只有达到感觉上的完美，我们才能欣赏和谐。一个感觉愚钝的人是无法感受到和谐的，对他而言，这个世界是贫穷而狭窄的。我们可以从生活中发现数不尽的美，而那些感觉愚钝的人对这些美好的事物无动于衷，他们更享受那些简陋或浮夸的东西，而且除了他们以外，这些东西吸引不了任何人。

但是现在，有些人形成了一些不好的习惯。过于强烈的刺激无法提升感觉的敏锐性，反而使人变得愚笨，因此，需要慢慢地强化和加大刺激。

我们经常会发现，生活在社会底层的孩子有手淫、酗酒等不良嗜好，这些都说明了这些人很少获得快乐，感觉也特别愚钝。不良嗜好带来的快乐不利于个体的发展，会让他们沦为野兽。

从生理学的角度来说，感觉训练显然是非常重要的。当感觉器官受到外部刺激时会发出相关的信号，这些信号顺着神经通路到达神经中枢，由此产生对应的神经反应；神经反应通过发散神经通路到达运动器官之后，运动就开始了。

通过外围神经感觉系统，人类可以感受到来自环境的不同刺激，由此和周围的环境联系起来。如此一来，人类那些精神性发展、社会性行为等与神经中枢系统有关的活动，就能够通过运动和神经器官，以做手工、写字、说话等个人动作的形式展现出来。

教育同样应该重视感觉训练，否则，人类就会和周围的环境隔绝开。**教育的真正目标是让人类直接与外部环境进行沟通。**

智力教育

如果孩子对某个艺术作品表现出了很大的兴趣，我们就应该让他一直观察这个作品，直到失去兴趣为止。

感觉训练包括一种自我教育，如果多次重复感觉训练，孩子的心理感觉过程会变得更完善。

让孩子将感觉转换为观念是一个从具体到抽象的过程，也是由感觉训练转换为智力教育的过程。这个过程少不了老师的参与。正是这个原因，老师必须设法让孩子将内部注意力独立出来，并让它集中在感知上。这个过程应该在教学的初期阶段进行，而且要让孩子的注意力集中在某一个刺激物上。也就是说，在教学过程中，老师要让孩子将注意力集中在指定的教学目标上。

老师只有具备了专门的技能才能做到这一点。**教育工作者必须"让孩子明确自我教育的目标，并努力向着正确的目标前进，同时尽量不干预孩子"。**

对于一些因素，老师应当具有足够的敏锐性，例如个体的极限、个体感知的差异等。也就是说，构成老师个体本质的东西，严重影响着老师对孩子进行干预的有效性。

在大部分情况下，老师应该不作任何修饰地读出感觉刺激的名称。她必须用洪亮的声音清晰地读出这些词，以便孩子能清楚地听到构成这个词的所有音节。

例如，刚开始进行触觉训练时，当孩子触摸到卡片后，老师应该清晰而准确地说："这张是光滑的，这张是粗糙的。"同时，老师要用不同的声音重复这两个词——"光滑，光滑，光滑；粗糙，粗糙，粗糙"。

同样地，在进行冷和热的感觉训练时，老师要说："这是冷的，这是热的，这是冰冻的，这是温暖的。"老师还可以教孩子"热，更热，不太热"等表示程度的词语，让孩子的感觉更加细腻和敏锐。

教孩子形成概念时，老师应该遵守以下规则。

第一，教名称时要结合实物并描述相关的感觉刺激，以便孩子进行联想。当孩子在头脑中接受了这个概念后，必须将名称和物体联系起来。这就提出了一个要求，那就是教授这个名称时不能添加其他词汇。

第二，为了保证达到预期的教学目标，老师要不断对孩子进行测验，而且测验的内容必须限定在教授过的名称能引起的注意力范围之内。

测验的目的是了解孩子是否能在头脑中将名称和物体联系起来。老师一定要考虑到遗忘与时间的关系，在教学之后应该短暂地间隔一段时间，然后再进行测验。

测验时，老师可以这样提问："光滑的卡片是哪一张？粗糙的卡片又是哪一张？"只要孩子用手指向正确的物体，老师就明白，孩子已经将名称和物体联系起来了。但是，如果孩子指向了错误的物体，老师不能急于纠错，而应该暂停课程，过几天再教。为什么不能纠正孩子呢？因为当孩子无法成功建立名称和物体之间的联系时，唯一的解决方法就是让孩子重复感觉训练和名称。

如果孩子犯了错，我们斥责他，就会让他恼怒。这种不好的感觉会阻碍他的学习。反之，如果犯错误之后，孩子的心情能够保持平静，那么他的意识会保持清醒，也就可以继续学习接下来的课程了。

指出孩子所犯的错误，其实会让他在记忆时做一些无用功，也会削弱他的信心。尽量避免让孩子做无用功，避免让孩子变得压抑，就是老师应尽的职责。

第三，如果孩子不再犯错，老师就能够激发他们进行与物体观念对应的神经活动——让孩子将名称或形容词说出来。老师可以问孩子："这是什么样的？"孩子答道："光滑。"如果此时孩子的发音不正确，老师可以教孩子如何清晰地发出正确的读音。老师不必指出孩子的发音缺陷，但是可以多次为孩子示范正确的读音，以帮助孩子改正错误的发音。

关于孩子将已经接受的概念推广出去，或者是让他在周围的环境中运用这些概念，我觉得无须对此进行耗时数月的教学。孩子只要接触了几次事物，哪怕只是光滑和粗糙的卡片，他们也会主动去触摸其他物体的表面，并且会反复说出"光滑""粗糙""这是天鹅绒"等词语。

对于一个普通孩子而言，我们应当等待他主动地观察周围的环境。我更愿意将这种行为称作"探索精神的自然膨胀"。每一次新发现都会让孩子感受到快乐、自尊和满足。这会促使他们不断地去周围的环境中发现新的感觉刺激，这样他们就变成了自发的观察者。

老师必须对孩子们抱有最大程度的关爱，并观察他们是怎么样以及在何时实现了概念的推广。

例如，有一天，一个4岁的孩子在庭院中奔跑。突然，他站在原地并大声喊道："看啊！天空是蓝色的！"他在那儿站了很久，一直抬头看着辽阔的蓝天。"天空是蓝色的"是这个孩子的新发现。此前，没有人告诉过他天空是蓝色的，他只是在感觉训练中认识了蓝色。

还有一次，我刚走进儿童之家，一群五六岁的孩子向我走来。他们轻轻地抚摸着我的手和衣服，七嘴八舌地说："这个光滑。""这个粗糙。""这个是天鹅绒。"随后，另一群孩子一脸严肃地走了过来，和刚才的那些孩子一样，他们一边重复着"光滑""粗糙""天鹅绒"这些词，一边抚摸我的手和衣服。

有个老师为了给我解围，想过来制止孩子们，但我示意她保持安静，并且自己也保持着静止不动的状态。我十分赞赏孩子们自发的智力性活动。让孩子们自主教育并获得进步，是我们教育方法的最大成功。

　　有一天，有个孩子结束了颜色的视觉训练之后，用彩色蜡笔在树的轮廓线中填色。他在画树干时选择了红色的蜡笔。老师打算阻止他，似乎想说："树干不是红色的。"我让那个老师不要阻止孩子，任由孩子将树干涂上红色。实际上，孩子的表现对于我们来说是十分珍贵的，因为这让我们明白了，孩子还没有开始观察周围的环境。对此，我采用的方法是鼓励孩子参与色觉游戏。每天，这个孩子都会和小伙伴们一起在花园中玩耍，可以时刻看到树干。

　　色觉练习可以让孩子自觉地将注意力集中在颜色上，当这个孩子开心地玩耍时，就会发现树干并不是红色的。事实上，后来老师又让这个孩子给树干填色了，这一次，他给树干填上了棕色，把树叶和树枝涂成了绿色。再后来，他终于给树枝也涂上了棕色，只是将树叶画上了绿色。

　　如果只是对孩子说"你去观察"，他是无法成为观察者的。我们需要教会孩子观察的能力和方法，这样就必须进行感觉训练。

　　感觉训练是为了促使孩子进行自我教育，因为一旦孩子经过训练获得了良好的感觉能力，就可以对周围的环境进行深入的观察。而且，多种多样的周围环境会吸引他的注意力，使他继续心理感觉训练。

　　这种做法类似于钟表的运行原理。如果给钟表上满发条，钟表就会自己持续地走下去。同样的道理，如果把孩子比作钟表，只要给他们上满发条，他们就会自主进行自我教育，而不需要我们反复地提醒。因此，孩子的心理发展之所以能够自觉地持续下去，原因并不在于老师的工作，而在于他们自身的心理潜力。

在感觉训练之初，自觉的心智性行为就已经开始了，而且还会通过观察性智力持续下去。教育的目的不是让孩子被动地接受教导，而是让他们自觉地发展心灵、精神和身体。因此，在为孩子准备了适合感觉训练的教具以后，我们要等待孩子出现自发观察的行为。这是一门教育的艺术，也就是老师要清楚怎么按照个体的差异为孩子的个性行为发展提供帮助。

老师要根据实际情况制订不同的方法来帮助孩子们。有些孩子的确需要老师的帮助和引导，而有些孩子不需要老师的干预。

摸瞎游戏

摸瞎游戏的目的主要是训练以下感觉。

物体

教具是一些小盒子，盒子里有许多抽屉，抽屉里装着天鹅绒、丝绸、棉布、亚麻等材质的长方形物体。

我们先让孩子触摸每个物体，让他们认识这些物体的名称，并让他们对所有物体的质地，诸如粗糙、光滑、柔软等都有所了解。

随后，我们选出一个孩子在桌子旁边坐下，蒙住他的双眼。

之后将所有物体都放在这个孩子的面前。这时，同伴们都看着这个孩子。

接下来，让这个孩子用手指触摸面前的物体，然后判断它们的名称，例如天鹅绒、亚麻、棉布等，还要确认它们的质地，例如柔软、光滑、粗糙等。

孩子们对这种训练非常感兴趣。如果我们让这个孩子触摸不认识的纸张、薄纱之类的物体，其他孩子会特别激动地等着他回答。

重量

我们让孩子在同一个位置坐下，让他观察用来进行重量感觉训练的教具。

然后，让孩子将所有重一点的黑色木块放到右边；将轻一点的浅色木块放到左边。

接下来，我们依然要将孩子的双眼蒙住，要求他每次必须同时拿起两个木块。有时他拿到的两个木块的颜色相同，有时却不同。最后，让孩子把手上的木块按照先前的分类方法放到桌子上的正确位置。

孩子们做这种训练时特别激动。例如，被蒙住眼睛的那个孩子两只手上拿的都是黑色木块，由于不确定答案，他会将两个木块在两手之间不停地交换。围观的孩子们也特别着急，但是当那个孩子终于把木块放到了正确的右边时，他们都会深深地吐出一口气，放松下来。

维度和形状

此时采用的训练方式与前面类似。福禄贝尔用硬币、立方体和方块进行过这方面的训练，我们有时会效仿他。这种训练能够帮助孩子将各种不同物体与其对应的特性联系起来，同时也巩固了名称的学习。

将视觉训练运用于观察周围环境

在教育过程中，这个阶段是最重要的。学习名称的目的是保证语言使用的准确性，而在我们的学校中，孩子们比较缺乏这种准确性。例如，很多孩子都分不清"厚"和"大"、"长"和"高"之类的词语。**只要老师通过前面讲述的方法，再结合教具，学生就能够轻松建立起清晰而准确的概念，并且将这些概念与合适的词汇联系起来。**

教具使用方法

维度

在孩子们使用那三套木块一段时间而且能熟练地完成训练之后，老师会将所有高度相同的圆柱体都摆到桌子上。

然后，老师拿出最粗和最细的两个圆柱体，告诉孩子们："这个是最粗的，这个是最细的。"

　　老师可以把两个圆柱体放在一起，两者之间会形成非常强烈的对比。接着，老师拎起圆柱体上的小把手，将其底面展示出来。孩子就会发现，两个底面之间的差异如此巨大。为了表明两个圆柱体的高度是相同的，它们会被垂直放置，同时老师会反复说"粗"或者"细"。

　　之后，老师可以要求孩子找出最粗和最细的圆柱体，看看他们能否分辨出来。老师还可以进行名称测验，向孩子们提问："这是什么？"

　　接下来，老师可以用其余的圆柱体来替换这两个圆柱体进行教学，直至将全部的圆柱体都使用过一遍为止。老师可以随意挑出一个圆柱体，然后问孩子："找出一个比它粗一些的圆柱体，或者找出一个比它细一些的圆柱体。"

　　我们可以用同样的方式使用第二套木块进行教学。老师需要将全部的圆柱体竖立在桌上，并且告诉孩子们："这个是最高的，这个是最矮的。"紧接着，老师把最高和最矮的两个圆柱体拿起来，展示它们的底面，证明底面的大小是相同的。还可以如前所述，老师先让孩子观察最高和最矮的圆柱体，然后观察其他差异较大的圆柱体。

　　对于第三套木块，老师首先要将这些圆柱体按照从大到小的顺序排列好，然后让孩子们观察最大的那个圆柱体，并且告诉他们："这个是最大的。"接着让他们观察最小的那个圆柱体，告诉他们："这个是最小的。"最后，老师拿出最大和最小的两个圆柱体放在一起，让孩子们观察。他们会发现，两者的高度和底面都不一样。

在用棱柱体、木棒以及立方体进行教学时，我们可以运用同样的方法。长度一样的棱柱体厚度不同，厚度相同的木棒长短不一，而立方体的体积、边长都不一样。

如果我们采用人类学的标准对孩子们测量，就可以轻轻松松地将这些概念与周围的环境结合起来。孩子们会互相比较身高，并且说："我是高的那个，你是胖的那个。"

当孩子们伸出双手证明自己很干净时，也会互相比较。此时，老师也可以和孩子们一样，将双手伸出来。这种比较常常让孩子们感到很开心。

孩子们也经常和成人玩这种比较的游戏，然后带着好奇心，兴致高昂地观察自己和成人之间的身高差异。

形状

当孩子可以正确地识别所有平面几何图形之后，就可以开始学习这些形状的名称了。

老师需要先选出两个对比鲜明的图形，例如正方形和圆形。整个教学过程需要遵循塞昆三阶段的一般原则。我们无法将全部图形的名称都教给孩子，只能教那些最常见的，例如正方形、圆形、长方形、三角形和椭圆形。

孩子需要留心的是，长方形有长短、宽窄之分；正方形只有大小之分，因为每个正方形的四条边长是相等的。通过教具，我

们可以很容易地弄明白这一点。例如，哪怕将一个正方形顺时针或者逆时针旋转，它还是能够放。原来的框架中；而将长方形旋转之后，原来的框架就不合适了。

我们可以用相同的办法区分椭圆形、卵圆形和圆形。无论我们将一个圆形如何旋转，都能够将它放回原来的框架中。如果将椭圆形旋转180度，依然能够放进原来的框架中；但是如果将椭圆形旋转90度，是不能被放进框架中的。而卵圆形不论怎么旋转，都无法放进原来的框架中。

在教育孩子的过程中，我不会过早地让他们学习椭圆形和卵圆形，直到后期，我才让那些特别喜欢形状、时常进行相关训练或提出相关问题的孩子了解卵圆形和椭圆形的不同之处。我认为，**在婴幼儿教育的后期或者是小学阶段，孩子们能自觉地认识卵圆形和椭圆形的差异。**

有很多人认为，我们教孩子们学习形状和名称是一种几何教学，这对于这个年龄段的孩子来说是一种负担。还有一些人则认为，只有使用真实的物体，才能呈现出我们想要的几何图形，因为这样的形象更具体。

对此，我认为我需要做出解释来对这些偏见进行反击。观察几何图形并不等于分析几何图形，更不意味着开始学习解析几何。当我们给孩子教授和解释边与角的概念时，确实涉及了几何学的知识，但是对于孩子来说，观察几何图形并不是什么无法完成的任务。当孩子们坐下来吃饭时，他们可能会看到长方形的桌子、圆形的盘子。我们绝对不会认为孩子们幼稚到连形状都难以分辨。

我们使用的教具的外观都是呈某种形状的。让孩子学习与形状相关的名词，与学习其他事物的名称是一样的。在家里的时候，孩子就经常听到与"圆形"相关的词语，例如盘子，还有正方形的桌子、卵圆形的桌子等，因此，现在让孩子学习圆形、正方形、卵圆形等名词是合适的时机。假如我们没有像教授几何图形那样帮助孩子学会这些名词，那么孩子的头脑就会混乱，无法正确描述物体的形状。

许多时候，孩子为理解成人的语言以及一些事情做了很多无用功，对此我们应该反思。其实只要我们及时地给予理性的指导，就可以避免孩子做无用功，孩子也会因此变得放松，不知疲倦地学习知识，这种满足感会通过各种形式表达出来。

有时孩子无法正确地发出某个词的音，表现出了语言能力方面的某些不足，这会阻碍孩子与别人的交流。这种不足通常源于孩子的模仿，在这种情况下，如果老师能够想办法用清晰而正确的发音吸引孩子的注意，就能阻止孩子继续模仿错误的发音。

很多人会有这样的偏见：要让孩子自己选择要学习的东西。如果我们真的这样做了，孩子在世界中就会成为一个完全孤立的存在，我们渐渐地会以为孩子可以自觉征服各种各样的概念和词汇。孩子似乎变成了生命旅程中的一个过客，他会在旅途中观察各种新事物，尝试着独自理解那些他完全没有概念的话语。为此，他需要付出巨大的努力。

由此看来，教育的意义就是老师给予孩子适当的指引，不要让他们在没有指导的情况下白白浪费自己的努力，而是要将努力的方向转向征服并因此获得快乐。

孩子刚刚踏上通往人类思想世界的旅程，我们就是他们的导游，要将他们带向智慧和文雅的目的地。我们不能只是对孩子说一些无关痛痒的话语，而是应该简明扼要地给他们讲解这些艺术作品。

如果孩子对某个艺术作品表现出了很大的兴趣，我们就应该让他一直观察这个作品，直到失去兴趣为止。将生命中最重要和最美好的东西展现出来就是我们的职责，我们不能让孩子将时间和精力浪费在没用的东西上。

有人认为，与平面几何图形相比，给孩子呈现一些立体几何图形，例如立方体、半球体和棱柱体等，效果会更好。从生理学上来说，相较于平面几何图形，我们对立体几何图形的视觉认知要复杂得多。在这里我们先将这个问题放下，仅从实际生活的教学观出发，探讨这个问题。

我们每天都会看到非常多的物体，门、窗框、大理石或木制的桌面等。如果取消这些实体的一个维度，用两个维度来确定平面的形状，就可以更明显地看出几何图形。

当我们观察这些实体时，采用的是平面图的方式，例如用长方形形容窗户，用正方形形容桌子等。我们只注意到实体的某一个平面，并且这个平面的几何图形可以展现这个实体的基本特征。

通常，孩子可以在周围环境中认出来的平面几何图形，都是用这种方式学会的，但是他们很少能够识别出那些实体的立体形状。孩子一般会先发现桌面是长方形的，然后过了很长一段时间，才能够认出桌腿是棱柱体，或者是被截短的圆锥体，又或者是被拉长的圆柱体等。

其实，我们身边的常见事物并不是单一的几何形状，而是由若干几何形状组合起来的。因此，教孩子认识一栋房子，并不是让他们认识房子的整体形状，因为想要一下子看出如此复杂的形状，对他们来说特别困难。但是，对于窗户、门的几何形状，还有很多家庭日常用品的表面形状，孩子都能够轻松地识别出来。可以说，这些通过平面几何获得的图形知识，就好像一把能够帮助孩子打开外部世界大门的魔法钥匙。

有一次，我和一个学过几何的小学生在平西亚山上散步。他已经能够理解并分析平面几何图形了。

当我们到达山顶的平台后，在那里看到了德·波波罗广场，还有从广场处延伸出去的城市。我用手指向前方，对这个孩子说："看！人类创造出来的所有事物都是由几何图形组成的。"的确，每个建筑物的正面都是几何图形——长方形、卵圆形、三角形和半圆形等。成千上万的建筑物都展现出这种一致性，这似乎也证明了人类的智力是有局限性的。但是，附近花园中的各种灌

令人震惊的是，孩子们不仅可以模仿优秀作品的形状，还能将维度复制得一模一样，可这是小学阶段才会学到的。

有的孩子会用黏土做一些家庭用品，尤其是水壶、茶壶和煎锅之类的厨具。我们偶尔也会发现，有的孩子做了一个摇篮，摇篮中还有小婴儿。

就像进行自由绘画时一样，一开始我们让孩子描述他的作品，以便确认他做的是什么。但是慢慢地，孩子的作品越来越容易辨认，几何形状越来越明显。对于老师来说，这种黏土模型特别有价值，有助于更深入地了解孩子的内心以及不同孩子的个体差异。

同时，黏土模型也可以帮助老师对孩子进行教育干预。在训练的过程中，孩子是一个观察者的身份，这促使他更主动地观察周围的环境，进而加深了对各种感觉和概念的认知。

如果一个孩子能够熟练地完成这个训练，就能够迅速做到自觉地书写。而老师可能需要直接帮助那些在训练时表现不佳的孩子，引导他们用正确的方式观察周围的物体。

4.分析几何图形：边、角、中心、底面

对于年龄特别小的孩子来说，几何图形分析并不适用。

我曾经试过用做游戏的方式教授几何图形分析的入门课程，并将范围局限于长方形。孩子们在做游戏时，不需要特别留意长方形的形状，只简单地分析。这种游戏可以更清楚地将长方形的概念体现出来。

我利用的教具是孩子们常用的长方形餐桌，游戏内容就是布置餐桌为晚餐做准备。我有一套在任何玩具商店都能找到的玩具餐具，每所儿童之家也都有。这套玩具餐具包括餐盘、汤盘、带盖汤盘、调味瓶、玻璃杯、玻璃瓶、刀、叉、汤匙等。

我要求孩子们布置一个供六人使用的餐桌，在餐桌较长的两边各摆放两个座位，较短的两边则各摆放一个座位。有个孩子按照我的要求进行了布置。我告诉他，带盖汤盘应该放在桌子中间，餐布应该放在桌子的一角。我还跟他说："请把这个盘子放在桌子较短一边的中间。"

当他做完这些之后，我让他观察餐桌，问他："你看看，桌角是不是缺少什么？这边是不是还要摆上另外一个玻璃杯？好，现在我们确认一下，桌子较长的这两边的东西是不是都摆放好了呢？较短的两边呢？桌子的四个角上还缺少什么吗？"

在我看来，在孩子6岁之前，他最多做到这种复杂程度了。我还认为，总有一天孩子会自觉地拿起一个平面图形，下意识地数出边和角的数目。

阅读与书写

在蒙台梭利教育体系中，发音训练是学习语言的必经之路。

语言的自觉性发展

我还在罗马的一所心理矫正学校当老师的时候，就开始尝试用不同的方式对孩子进行读写的教学实验了。可以说，我的这些教学实验具有独创性。

伊塔和塞昆没有提出过任何理性的书写教学方法。通过前面的内容，我们可以知道伊塔字母教学的方法。我现在要讨论的是塞昆书写教学的方法。他说：

"孩子可以直接从图形训练转换到书写训练，例如，老师可以告诉孩子：'将半个圆形的上下两端放在一条垂直的线上，就是字母D；两条斜线相交于一点，并且中间有一条水平线，就是字母A……'

"我们根本无须担心孩子们怎样才能学会书写。当他们书写时，会先在头脑中根据图形想象，然后开始书写。写字母时完全不需要遵循对比或者类比的法则。例如，O和I、B和P、T和L等。"

塞昆认为，只要孩子会画画，就一定会书写。因此，没有必要对孩子进行书写的教学。塞昆在他的书中描述了大量的图形描画的教学方式，他认为这样可以为书写做准备。

"教学的步骤如下：第一步，教孩子画出各种各样的直线；第二步，教孩子画出不同方向以及在同一平面不同位置的直线；第三步，通过对这些直线的再次组合，形成一些复杂程度不同的图形。让孩子学会区分直线和曲线、水平线和垂直线以及各种斜线是非常有必要的。此外，我们要确认两条或更多条直线相交的点，正是这些点和线组成了图形。

"从表面上看，进行了水平线和垂直线的教学之后，接下来就是斜线的教学。事实并非如此。因为无论是垂直线发生了倾斜，还是水平线的方向发生了变化，都会产生斜线。或许正是出于这个原因，让孩子在毫无准备的情况下学习斜线，对他们来说过于复杂，他们无法理解这个概念。"

塞昆详细地论述了各种方向的斜线。他要求学生在两条平行线中进行斜线的练习。他还提到了画出四条曲线的方法，也就是在垂直线的左右两端以及水平线的上下两端画类似圆的曲线。

塞昆对书写教学做了一个总结："我们找到了解决问题的办法——垂直线、水平线、斜线和四条曲线（这四条曲线组合起来就构成了一个圆），所有书写的笔画都包含在这些线里了。"

对于阅读，伊塔则采用了以下方法：在墙上钉了很多钉子，然后挂上各种木制几何图形，包括三角形、正方形和圆形等。根据这些图形，在墙上画出它们的轮廓线，然后拿走这些木制几何图形。伊塔通过这种设计构建了平面几何教具的概念。伊塔还用相同的方式在墙上画出了字母的轮廓，孩子们可以自由地将字母放上去或者取下来。

伊塔和塞昆使用的教学方法我都不赞同，因为它们太烦琐了。这些方法犯了两个根本性错误：一是书写的字母是大写的印刷体，完全没有这个必要；二是通过研究几何图形来为书写做准备太复杂了，我认为中学生才有可能做到这一点。

一定要从完全客观的角度去观察，也就是说，观察时不能带有先入为主的偏见。通过前面的例子可以看到，塞昆就有研究几何图形一定是为书写做准备的先入之见。

塞昆似乎觉得，一个好的方法必然有一个很高的起点，而一个好的书写方法，其起点就是复杂的几何。可惜，他的这种观点是不正确的。

这就如同许多自以为是的普通人，认为自己的知识很渊博，所以看不起那些简单的东西。让我们看一看那些公认的天才都有些什么想法吧！

牛顿安静地坐在树下，一颗苹果从树上掉了下来。牛顿看到了这个现象，并且产生了疑问："为什么苹果会从树上掉下来呢？"对于我们而言，这种现象太常见了，不足为奇，而牛顿却从中发现了万有引力定律。

假如牛顿是一名老师，他可能会让孩子仰望繁星闪烁的夜空，而不是讲解复杂的微积分——这是天文学领域十分重要的内容。但是，一个博学的人可能会采取与牛顿完全相反的做法，他会认为让孩子学习微积分是必要的。然而，只是通过观察在高处悬挂的吊灯的摇摆，伽利略就发现了钟摆定律。

在智力领域，"简单"就是要排除头脑中先入为主的看法，然后才有可能发现新事物。事实上，简单才是最重要且最基础的。如果我们研究一下人类历史上重大发现的起源，就会了解到，这些发现都是源于一些很简单的事情以及对这些事情的逻辑思考。

学习书写真的要从画垂直线开始吗？只要稍加思考，我们就可以给出否定的答案。孩子如果用那种方式学习书写，就会付出太多不必要的精力。

书写的第一步本来应该是最简单的，但是对于孩子来说，用铅笔画垂直线是所有动作中最有难度的。只有非常专业的人，才能画出规则的垂直线。

因此，让我们抛下成见，用一种简单的方式来教书写吧！这样也可以让孩子在学习书写时少耗费点精力。

我的方法是，**观察正在进行书写的个体，分析他书写时采用的动作。也就是说，我更关注的是书写的人，而非书写本身。**

这种从个体出发进行研究的方法与前面的那些方法完全不同，毋庸置疑，它意味着书写进入了人类学研究的新时代。

在对正常孩子进行书写教学实验的过程中，我将这种新的方法命名为"人类学方法"，因为它的产生得益于人类学研究。但是，我并不清楚实验的结果是什么。

我在教授有缺陷的孩子的时候，偶然发现了一个事实。有一个11岁的女孩，她的智力有缺陷。尽管她的手很有力量，运动神经能力也与正常人一样，但是她没有办法学会缝纫，甚至连将针穿到布料下面再穿回来这样简单的动作都做不到。

在我的要求下，这个孩子开始编织福禄贝尔垫子。具体的做法是，将一列纵向布条的两端固定住，然后用一根布条横着上下交错地穿过这些纵向布条。

缝补和编织垫子是相似的。我因此开始颇有兴致地观察起这个孩子的行为。当我看到她可以熟练地编织福禄贝尔垫子时，便让她重新练习缝纫。结果令人十分惊喜，她学会缝补了。从那个时候开始，编织福禄贝尔垫子成了缝纫练习的第一堂课。

我发现，就算不经过缝纫练习，手部的一些必要动作也可以得到准备。因此我认识到，想让孩子做一项作业，例如书写，必须先找到教孩子来做这项作业的方法。

我们可以重复做一些准备性活动，让其简化成一种机制。但这种重复性练习并不涉及作业本身，它只是为了给作业做准备。之后，学生就能开始做真正的作业了，哪怕他们从来没有做过，也能很好地将作业完成。

我们也许能利用相同的方法为孩子的书写做准备。这种方法如此简单，让我对此充满了兴趣。而且令我振奋的是，这是我从一个原本不会缝纫的小女孩身上得到的启示。

事实上，我们之前已经教孩子学会了触摸平面几何图形的轮廓，那么现在只要教会他们用手指触摸字母的形状就可以了。

我用木头制作了一套书写体字母，每个字母的厚度都是0.5厘米，高度则各不相同。其中，最矮的高度为8厘米，其他的高度则与此成相应的比例。为了方便区分，我将元音字母涂成了红色，辅音字母涂成了蓝色。为了让这些木制字母用得更久一些，我还用黄铜将字母的底面包裹起来了。

我还制作了很多字母卡片，卡片上的字母与木制字母的大小和颜色都是一样的。字母卡片可以与木制字母搭配起来使用，将字母卡片放在木制字母的下面，然后再按照对比或类比进行分组。

此外，我们还准备了一些画有物体的图片，物体的名称被标注在图片的上方。图片上物体名称的第一个字母，与字母表中的那些字母是一一对应的，并且第一个字母是非常大的手写体，后面的字母则是小一点的印刷体。

使用这些图片是为了帮助孩子记住字母的发音，而将小的印刷体字母与大的手写体字母结合起来，则能够帮助孩子阅读。这些图片只是完善了之前的教具，并不是什么新发明。

在训练过程中，我会先让孩子观察我是怎么把木头字母放在已经分组的字母卡片上的；然后，让孩子不停地用手触摸这些手写体字母。

我变换不同的方式让孩子反复地进行训练，这样一来，他们就学会了手的必要动作。由此，孩子不必经过书写训练，就可以写出字母了。一个新的观念产生了，并且让我感到震惊——在书写时，我们分别做了复写字母和握笔姿势这两种不同形式的运动。

事实上，即使有缺陷的孩子可以非常熟练地触摸所有的字母，他们也依然不会握笔。稳定地握住一根小棍子并灵活地运用它，可以帮助孩子获得一种特殊的肌肉运动机制。只有获得了这种机制，才能学会握笔和运笔，进而掌握书写字母的动作。在教有缺陷的孩子书写时，我让他们用手指触摸字母，锻炼了他们的运动神经通路，这样一来，孩子的肌肉记忆和对应的每个字母之间的联系也就被强化了。

以上是书写准备训练的第一阶段。如果孩子还没有获得握笔和运笔的肌肉运动机制，可以添加下面两个阶段的练习。

在第二阶段，孩子使用双手的食指和中指来触摸字母，而不是像第一阶段只用右手的食指去触摸。在第三阶段，孩子要用握笔的姿势握住一根小木棍，然后用这根木棍来接触字母。其实，在孩子重复描画字母的过程中，并没有要求他们一直握着书写工具。

在以上的训练过程中，不仅孩子的手指会随着字母的形状移动，孩子的眼睛也会跟着进行视觉移动。

的确，通过触摸几何图形的轮廓，孩子的手指已经得到了锻炼，但是这种锻炼并不充分。哪怕是成人，也不能很好地通过玻璃或透明纸感觉出图案的轮廓线并用笔画出来。所以，不管是用手指还是用木棍，有缺陷的孩子不能总是精确地跟着图案练习。

在进行书写训练时，教具无法对错误做出任何提示，或者只是从视觉上给孩子某种不确定的提示，例如让他们知道手指是否还在继续触摸图案。

为了克服上述的不足，让孩子书写得更准确，我认为应该更加直接地引导孩子的书写动作，也就是让所有字母都带有一个凹槽，让小木棍在凹槽里面移动。我设计了这种器具，可惜造价过于昂贵，没有制作出来。

在做过这样的试验之后，我对国家心理矫正学校教学方法班的老师们详细讲述了这种方法。尽管相关课程的讲义已经出版了，而且不少于200名小学老师掌握了这种方法，但是这些人并没有从中获得任何有帮助的观念。

不过，费拉里教授在一篇文章里对我的方法表示了赞赏：

"我们拿出了一些纸片，上面印有红色元音字母。但是在孩子们的眼中，这些红色元音字母只不过是一些形状不规则的红色图形。

"与此同时，我们拿出了一个木制红色元音字母，要求孩子找出与这个木制字母对应的纸片，并将这个木制字母放在纸片上。

"接下来，我们让孩子触摸这个木制元音字母，并告诉孩子触摸到的字母的名称。我们会对孩子说：'把字母O找出来，并

放到相应的位置上。'或者问孩子：'这是什么字母？'

"我们观察到，假如只让孩子用眼睛观察字母，则很容易出现错误。但是如果让他们用手指触摸，却可以轻松地辨别字母。这个现象很有趣，可以用来验证孩子究竟是视觉型的，还是运动神经型的。

"一开始，我们只让孩子用食指触摸放在纸片上的木制字母；后来，我们要求孩子用食指和中指一起触摸；最后，我们要求孩子像握笔似的握住小木棍，并且描画字母，好像真的在书写一样。

"蓝色的辅音字母按照形状类比，一一放在对应的纸片上。此外，这套教具还有另一套卡片，每张卡片上印着以这个字母开头的一两个物体的名称。名称的第一个字母大一些，是手写体，后面的字母小一些，是印刷体。

"老师讲课时，用手指着这些字母和卡片，教孩子这些辅音的名称，并读出卡片上物体的名称。老师读的时候会特意强调第一个字母，例如'P-Pear，告诉我哪一个字母是辅音P，然后把它放到对应的地方，用手触摸它'等。通过这些方法，我们知道了孩子在语言方面存在哪些不足。

"在用小木棍描画字母时，我们可以利用肌肉训练来做好书写准备。有一个不认识这些字母的小女孩，在接受了这种方法的教育之后，就能用铅笔写出全部字母了。这个小女孩写的字母都是8厘米高，而且笔画也相当有规则，这说明她可以熟练地使用自己的手，这令人非常吃惊。

"尽管看上去，让孩子触摸字母、识别字母是在为书写做准备，但这其实也为阅读做好了准备。一边用眼睛仔细观察字母，一边用手触摸字母，将两种不同的感觉结合，可以加深孩子对字母的印象。然后，这两种动作会分离，观察转化成阅读，触摸转化成书写。有些人先学会阅读，有些人则先学会书写。"

这种训练阅读和书写能力的方法大约是我在1899年发明的，一直使用到现在。

有一次，我给一名有缺陷的孩子一支粉笔，他竟然用这支粉笔在黑板上写出了字母表中的所有字母，而在此之前他从来没有用笔写过字母！这真的令我倍感惊讶。

获得书写能力比我想象中要快得多。就像我曾经说的那样，有的孩子哪怕一个字母也不认识，也可以用铅笔将它们正确地写出来。我还发现，正常孩子的肌肉感觉在婴儿时期发展得最快，因此书写对他们来说很容易。阅读则不一样，只有经过长时间的教育，并且获得更高等级的智力发展以后，才能学会阅读。这是因为阅读时需要对相关的字母符号进行解释，其目的是理解字母或符号组成的语言的含义，这些全是纯智力的工作。但是在书写时，符号代替了声音，人还进行了手部运动，对于孩子来说，这是一件容易完成且令人高兴的事。

1907年11月上旬，我开始了针对正常孩子的首次实验。从孩子们进入圣·洛伦佐区的两所儿童之家那天起（有些孩子是1月6号入学的，其余的则是3月7号），我们只进行了生活实践训练以及感觉训练，而没有进行书写训练。当时，我的看法与其他人一样，认为应当尽可能推迟书写训练和阅读训练，最好在6岁之后进行。

但是，其他的训练已经让孩子的智力得到了发展，他们好像也会对以前的训练加以总结。他们知道怎样穿脱衣服、怎样洗澡；他们也知道怎样扫地、怎样擦掉家具上的灰尘，以及收拾房间；他们还知道怎样开关盒子，以及不同的锁要使用不同的钥匙打开；他们会收拾碗橱，将里面的东西摆放得井井有条；他们也会照顾花草，懂得怎样观察事物、怎样用手去感知东西等。

许多孩子跑到我跟前，要求学习阅读和书写。即使我拒绝了这些要求，依然会有孩子可以在黑板上写出字母"O"，并且骄傲地展示给我看。

许多妈妈也会来到学校，恳求我们教她们的孩子书写。她们说："在儿童之家，孩子们已经学会了那么多东西。假如你们教他们阅读和书写的话，他们也绝对可以很快地学会。这样当孩子们进入小学后，就可以少付出一些精力了。"这些妈妈坚信孩子可以毫不费力地学会书写和阅读，这种信念给我留下了非常深刻的印象。

考虑到我在缺陷儿童学校里的教学成果，我打算在9月份开学的时候尝试一下书写训练。

我希望做一套在缺陷儿童学校中使用过的字母。我开始找人帮忙制作教具，然而没有找到，于是我放弃了这个想法。其实，商店橱窗上的普通上釉字母也不错，可令我失望的是，始终都无法找到书写体的字母。后来，我决定在砂纸上将这些字母剪好并粘在光滑的卡片上，这更像那些用来训练触觉的教具。

在我将这些简单的教具制作好以后，我才发现它们具有很大的优势：不仅可以用来认识字母，还能组合成词。

我观察到，孩子们触摸砂纸字母时，手指会做出"寻找"的动作。这样一来，我们就可以同时用视觉和触觉帮助孩子正确地进行书写训练。

一天下午放学以后，我和另外两位老师用纸和砂纸剪出不同的字母。我们先将这些字母涂成蓝色，然后把它们粘在纸上。通过如此简单的方法，我们制作出了教具。想到以前为了制作教具而想尽各种办法，我竟忍不住笑了起来。

当我们将这种教具投入教学后，发生了一些有趣的事情。师范学校的教学法教授安娜·费德莉是我的学生，有一次，儿童之家的一位老师生病了，我便让费德莉暂时接替这位生病的老师的工作。

那天工作结束之后，我去看费德莉，发现她对我们这种简单的教具做了两个改动：一个改动是用一张纸条从每个字母的后面横穿过去，这样学生可以确认字母的正确方向，而不会像平常一样将字母颠倒；另一个改动是做了一个盒子来装这些字母卡片，这样每个字母就可以放在盒子中对应的位置上，不会看起来乱糟糟的。这个放卡片的盒子是费德莉用在院子里找到的旧食品盒改造而成的，盒子边上还用白线缝了几针，直到现在我还保留着它。

费德莉笑着说她的手工作品很拙劣，但是我对她的改动十分赞赏。我很快发现，把字母装在盒子中对教学很有帮助。它能够让孩子凭借眼睛对比所有的字母，然后从中挑选出自己需要的那一个。书写训练教具的起源就是如此。

只需要举一个例子，我就可以说明我们的这种书写教学方法很有优势。

大约在圣诞节过去半个月或一个月以后，小学生们还在努力地学习画出曲线的"O"以及其他元音字母，而在我们的学校里，两个4岁的孩子已经能够以所有同伴的名义给西格诺·艾多阿多·塔拉莫先生送去祝福和感谢了。他们将这些祝福和感谢写在便笺上，既没有污点，也没有涂改，这已经相当于小学三年级的水平了。

书写教学方法和教具

第一个阶段：训练目标是发展肌肉机制。只有获得这种机制，才能学会握笔和运笔，为书写做准备。

在这一阶段，我们使用的教具是与之前介绍的平面几何木块形状完全一样的金属块以及金属框架。将这些金属块和金属框架挨个摆在老师的桌子上，也可以把两张孩子的小桌子拼成一个长桌子，然后将几何形状的金属块以及金属框架放在上面。

孩子可以拿走一个或多个金属框架和金属块。训练时，孩子先拿一个金属框架放在白纸上，然后用彩色铅笔将框架中空的图形轮廓画出来。紧接着，把框架移开，白纸上就会留下一个几何图形。

在之前的感觉训练中，孩子只是将几何形状木块放在带有对应图形的卡片上或者框架中。但是现在，孩子要练习复写几何图形。他们将金属块放在白纸上后，还需要用另外一支铅笔画出金属块的轮廓线。这样一来，当移开金属块之后，纸上就会出现两种颜色但形状相同的图形。

在这里，抽象的几何图形概念出现了。金属框架和金属块的差异如此巨大，却用它们画出了完全一样的图形。这件事引起了孩子们的注意，他们会花费许多时间来寻找那些可以复制出相同图形而外形不同的物体。很显然，这个过程给孩子们带来了快乐。

除此之外，孩子们还学会了描画直线。

接下来，孩子开始通过握笔和运笔为肌肉机制的发展做准备。他们会先选择一只彩色铅笔，用写字时握笔的姿势握住它，然后为自己刚刚用金属框架画出的轮廓线填色。

我们会要求孩子们不能将铅笔的颜色画到轮廓线以外，这样他们就可以将自己的注意力集中在轮廓线上，还能够强化用直线或曲线确定图形的概念。

给图形填色的训练可以让孩子们进行手部的运动，这种训练的作用与画垂直线的作用是相同的。孩子们填色时不会感到单调乏味，因为他们可以自由地选择自己喜欢的方式来运动。同时，孩子在这个过程中看到的是一个大且色彩鲜明的图形，不容易产生视觉疲劳。

刚开始，孩子们在一页页纸上画了许多正方形、三角形、卵圆形和梯形，并且将它们涂成红色、橘色、绿色、蓝色、浅蓝色和粉红色等各种颜色。

渐渐地，孩子们不管是画轮廓还是填色，都只会用到深蓝色和棕色这两种颜色。这样看起来，画出来的图形就很接近物体的真实颜色了，仿佛将金属物体的外表复制出来了似的。

还有很多孩子会在图形的中央画一个橘色的小圆环，代表金属物体上方便拿起的黄色把手。孩子们看到自己精准地在纸上复制出实物时，都感到十分开心，他们就像真正的艺术家一样欣赏着桌子上的作品。

我们也可以发现，孩子在填色训练中是不断进步的，具体表现如下。

首先，孩子一开始可能会将线条画到轮廓线外面，经过不断的训练，这种情况会逐渐减少。到了最后，他们就完全能够将线条都画到轮廓线里面了。

其次，孩子最初画出来的填充图形的线条是短小、杂乱的，后来逐渐变成一条条几乎平行的长长的线。这清楚地表明，孩子握笔和运笔的能力越来越强，技巧也越来越高超了。孩子身上已经建立了必要的肌肉机制，为书写做好了准备。

在我看来，没有什么别的方法可以这样成功地让孩子们在这么短的时间之内就掌握书写的技巧。而且，孩子们在这样的训练过程中一直很高兴，充满了热情。这样对比起来，以前在有缺陷的孩子身上使用的方法——用小木棍描画字母的轮廓，真是太乏味了。

哪怕孩子们已经懂得了怎样进行书写，这种训练也是可以继续下去的，可以变换使用更复杂的图案，加强孩子们握笔和运笔的能力。

第二个阶段：通过训练，建立起字母符号的视觉，也就是图像和书写的肌肉运动记忆。

在这个阶段，用到的教具是粘着砂纸字母的卡片以及包含相同字母组的大卡片。

制作砂纸字母时，为了方便区分，元音字母用浅色的砂纸剪成，粘贴在黑色的卡片上；辅音字母则用黑色的砂纸剪成，粘贴在白色的卡片上。然后根据形状的对比或类比，将这些砂纸字母分成不同的组，借此引起孩子们的注意和兴趣。

要注意的是，这些砂纸字母都是依照小学教材中的印刷体剪出来的，笔画较粗的部分剪得宽一些，笔画较细的部分剪得窄一些。

在进行字母教学时，我们不教名称，而直接读出字母的发音，先教元音再教辅音。在教辅音时，我们会按照正确的发音方法与元音结合起来，并且反复读这些音节。

整个教学过程要遵循塞昆的三阶段原则

第一个阶段，把字母图形与发声结合起来，同时运用视觉与肌肉触觉。

老师会根据实际情况，给孩子展示两张卡片，可以是元音，也可以是辅音。例如，如果老师展现的卡片是i和o，那么就会说："这是i，这是o。"在说话的同时，老师还会让孩子注意观察字母外形，并且用手指触摸这两个砂纸字母，跟着描画一遍。

孩子一般学得很快，因为他们手指的触觉已经发展得很好了。在砂纸粗糙表面的指引下，孩子可以用手指准确地将字母的外形轨迹描画出来。接下来，为了学会书写这个字母，孩子会重复进行这一过程。而且，孩子不用担心会出错，因为一旦描画字母时偏离了正确的轨迹，手指就会触摸到光滑的卡片表面，而不是粗糙的砂纸表面，这样孩子马上就能反应过来并纠正。

只要孩子们能熟练地描画出字母，他们就会闭着眼睛反复训练，乐此不疲。这样的话，孩子们可以通过这种直接的肌肉触觉练习建立起感知觉。也就是说，记住字母不是靠字母的视觉形象，而是靠手部的触觉，肌肉记忆加深了对字母的形象记忆。

概括起来，在第一阶段的训练中，当老师为孩子们展示出字母并让他们描画时，孩子们的视觉、触觉和肌肉感觉同时得到了发展。通过多种感觉结合的方法，加深了孩子们对符号图像的记忆。与只通过视觉图像来记忆的方法相比，这样做耗费的时间要短得多。

其实，孩子的肌肉记忆是最敏感、最容易的。有时候孩子无法用眼睛看出这是什么字母，却能够通过触摸辨认出来。与此同时，这些字母的图像和发音也建立了联系，孩子的听觉也得到了发展。

第二个阶段，知觉。当老师读出某个字母时，孩子们应当能够认出相应的字母。

例如，老师告诉孩子："请把字母o拿给我！请把字母i拿给我！"如果此时孩子不能通过视觉识别字母，老师可以让孩子触摸字母。如果孩子依然做不到的话，老师就应该结束教学，几天后再重新开始。

之前我说过，老师不要指出孩子的错误。当孩子无法做出正确的反应时，老师就不要再继续进行教学活动了。

老师在桌子上摆放好这些字母，过一会儿之后，向孩子提问："这是什么？"孩子会回答："o，i。"

在教辅音时，老师先读出这个辅音，然后马上将这个辅音和一个元音结合，组成一个音节并读出来。老师必须用不同的元音与这个辅音结合，重复这个训练的过程。

老师一定要随时留意且不断地重复辅音的发音，例如"m，

m，m，ma，me，mi，m，m"。在孩子重复练习时，需要先单独读出辅音，再和元音组合发音。

在教孩子辅音之前，我们没有必要让他们学会所有的元音。孩子只要学会了一个辅音，就会自己开始组词了。

按照一定的法则来进行辅音教学是不切实际的。孩子也许会因为我们随意说出口的一个名字，而对这个名字中的辅音字母产生兴趣。这个时候，老师就可以教孩子认识这个字母。这种具有随意性的教学方法是很有用的。

很显然，孩子非常高兴能读出辅音字母。这件事让他们感到很新奇——一系列字母的发音竟然完全不一样，这种神秘感会激发他们极大的兴趣。

有一次，当我站在阳台上时，看到孩子们在自由活动。一个两岁半的小男孩站在我身边，他的母亲托我暂时看管他。

我和小男孩的周围有一些散乱放置的椅子，上面放着我们教学时使用的字母卡片教具。这些字母卡片混杂在一起。我走过去，将这些字母卡片一一放回卡片盒子里，然后将卡片盒子放在离我最近的小椅子上。小男孩全程看着我做这些事情。他看了看我，然后走到了椅子旁，并从卡片盒子里拿出一个字母卡片f。

这时，有一群孩子排着队从我们的身边跑过，他们看到了小男孩拿着的那张字母卡片，齐声喊出了f的发音。小男孩并没有留意那些孩子，他把字母卡片f放下，又从卡片盒子里拿出了字母卡片r。正好此时，那一队孩子又跑了回来，他们冲着小男孩笑了起来，并且大声喊："r，r，r！r，r，r！"小男孩明白了，每当他拿起一张字母卡片，那些孩子就会念出这个字母的发音。这让他感到非常高兴。

我也想看看，对于这个游戏，小男孩可以坚持玩多久。于是，我注意观察他。令我没想到的是，这个小男孩竟然坚持玩了45分钟！

那些孩子对这个小男孩也很感兴趣，全都围了过来。每次小男孩拿起一张字母卡片，那些孩子就会念出字母的发音。这个小男孩拿了几次字母卡片f，每次都从那些孩子口中听到了相同的发音。过了一会儿，等到小男孩再次拿起f时，他冲着我说："f，f，f！"这说明他已经通过那些孩子的发音学会了这个字母。并且可以得知，最初吸引那些从旁经过的孩子的字母，也给这个小男孩留下了十分深刻的印象。

如果一个孩子有发音缺陷，那和他语言本身发展不完善是有关联的。这种发音缺陷会自发地显现出来。老师需要对此逐一记录。通过这种记录，老师就能了解孩子的语言发展状况和进步程度，及时调整个体教学方法。

我研究后发现，遵循孩子发展的生理学原则可以帮助我们纠正孩子的语言错误，而且我们可以按照这个原则对课程的难度进行调整。如果孩子的语言能力已经获得了充分发展，他们能够发出任何声音，那么我们在课堂上选择什么字母进行教学就不是问题了。

　　几乎所有成人的永久性语言缺陷，都是因为婴儿期语言发展的功能性出现了错误。事实上，许多错误的发音都来自方言。如果我们选择在孩子儿童时期时就帮助他们纠正语言中的错误，而不是等到他们进入高年级后才纠正，或许可以获得更有实际价值的结果。

　　这里说的语言缺陷不是指解剖学或生理学上的语言缺陷，也不是那些和神经系统功能发生改变的病理学事实有关的语言缺陷。我所说的语言缺陷，仅仅指由于重复错误发音或模仿不完善发音而导致的。

　　我无法想象出比发音训练更好的且可以纠正这个缺陷的方法。**在蒙台梭利教育体系中，发音训练是学习语言的必经之路。**

　　第三个阶段：组词训练。

　　这个阶段会用到的教具是字母卡片。这里的字母卡片与前面介绍过的砂纸字母在形状和大小上是相同的。不同的是，这些字母是用硬纸板剪成的，而且每个字母都是独立的，孩子们用起来很方便。为了方便区分，元音字母是蓝色的，辅音字母则是红色的。

　　每一个字母我们都准备了很多个，而且还设计出了一些盒子用来装这些字母卡片。这些盒子都很浅，并且根据字母本身的大小隔出了许多大小不一的空格，每个空格里可以放入四个相同的字母卡片。所有空格的底部都粘了一个黑色字母，这个黑色字母是固定的，作用是方便孩子们使用完字母卡片后可以轻松地找到它们原本的位置并放回去。

当一个孩子认识了一些元音字母和辅音字母之后，就可以进行组词训练了。我们会在那个大盒子中放上他认识的字母，并把这个盒子放到他面前。

训练时，老师必须清楚地说出一个词并重复几次发音，例如"妈妈（mama）"，尤其要清楚地发出字母"m"的发音。在一般情况下，听了老师的发音，孩子很快就会将字母卡片m拿出来并放到桌子上。老师继续说"ma-ma"，孩子就会拿出字母卡片a，并将它放到字母卡片m的后面。

接下来，孩子还可以轻松地组合其他的音节。可是，想要孩子读出自己拼出的单词却不太容易，他必须经过一定的努力才能获得成功。

到了这个时候，我会给孩子提供帮助并且鼓励他。我的做法是，用非常清晰的声音读这个单词一到两次，mama，mama。只要孩子弄懂了这个训练的玩法，他就会对此充满兴趣并自觉地做出努力。

我们可以说出任何一个单词来让孩子进行组词训练，不过前提是让孩子清楚地知道这个单词由哪些字母构成。孩子会根据发音，将字母逐个放到正确的位置，组成一个又一个新词。

观看孩子的训练过程是很有意思的。孩子坐在那里，专注地看着盒子，嘴唇以无法察觉的幅度在一张一合地动着。他将需要的字母一个接一个地拿出来，几乎没有犯拼写错误。

嘴唇的动作说明孩子在不断地重复那些单词，并将单词的发音转化成符号。虽然孩子可以组合出所有发音清晰的词，但是通常我们在训练时只会要求他们拼出熟悉的单词，目的是希望他们能产生与单词对应的概念。

这种组词训练十分重要。它不但可以帮助孩子分析、完善、强化自己的口头语言，还能让孩子明白，清晰有力地发音是非常有必要的。通过这些训练，孩子把听到的声音和看到的符号进行关联，为准确地拼写出单词奠定了牢固的基础。

此外，组词训练可以锻炼智力。老师念出来的单词是孩子必须解决的一个问题。他们通过记住符号、选择对应的字母、进行正确的排序等步骤解决了这个问题。当孩子反复地读这个单词的时候，就可能找出好的解决方法。

如果此时旁人读出了孩子组合出来的单词，孩子就会获得一种满足感，同时也会感到骄傲和惊喜。这种使用符号进行交流的方式会在孩子心中留下非常深刻的印象。对于孩子来说，书面语言代表了他的智力所能达到的顶点，也是对他获得的进步的一种奖励。

在组词训练的过程中，孩子们在听老师念单词和回想自己已经学会的单词时，还会用心灵的眼睛找到这个单词包含的所有字母，接着就用最快的速度将这些字母排列好。

有一次，我看到一个4岁的小孩独自在阳台上奔跑。他的嘴里反复念着："想要拼出Zaira，我一定要有Z-a-i-r-a。"

还有一次，当迪多纳托教授来我们的儿童之家参观时，他告诉了一个4岁的孩子自己的名字。这个孩子立刻开始用字母组合教授的名字。一开始，他用小写字母组成了"diton"这个单词。教授马上用清晰的声音重复了一遍自己的名字"didonato"。这时，孩子并没有打乱原先摆好的字母，而是把音节"to"移到一边，然后把字母d和o放到空出来的位置上。接着，这个孩子将字母a放到字母n的后面，又把刚才移开的"to"拿回来，放到了字母a的后面。于是，教授的名字就拼好了。

这说明，当教授再一次清晰地念出自己的名字时，孩子就知道音节"to"不应该放在第一次组词时的那个位置，而是应当放到词尾。因此他才将"to"移开，等要用的时候再拿回来。这件事竟然发生在一个4岁孩子的身上，在场的人都感到非常震惊。

孩子之所以会有这种出色的表现，主要原因是他的头脑在重复的自发训练中获得了条理性。

上面介绍的三个阶段包含了学习书面语言的全部方法。看得出来，这种方法非常重要。

到目前为止，孩子还没真正进行过书写。但是，他已经学会了书写的全部必要动作，这些动作为他正确地书写打下了良好的基础。

经过以上训练，当孩子听到一个单词后，他不仅知道怎么组合这个单词，还会马上在头脑中呈现出整个词的构成，从而将这个单词写出来。孩子已经掌握了不用去看也能写出字母的能力，此时他运笔的动作几乎是下意识的。

在贝蒂妮管理的一所儿童之家里，我发现了很多漂亮的书法作品，因此特别留意了这里的书写教学方法。现在，我介绍一下这所学校的情况。

那是12月的一天，阳光温暖，空气如春天般怡人。我和孩子们一起来到了天台上。

一些孩子自由地玩耍，另一些孩子则围在我的周围。我挨着烟囱坐着，一个5岁的小男孩坐到了我旁边。我递给这个小男孩一支粉笔，并且对他说："你来画一下这个烟囱吧。"

小男孩很听话，蹲下去开始画。很快，他就在屋顶的瓦片上画出了烟囱的草图。我对小男孩进行了一番鼓励和夸奖。他笑了，停顿了一下之后，大声地喊着："我会写字啦！我会写字啦！"接着，他跪下来在瓦片上写出了"手"这个词，随后又写了"烟囱"和"房顶"两个词。

小男孩一边写字，一边叫喊："我会写字啦！我明白怎么写字啦！"他的叫喊声吸引了很多孩子，他们都走过来围在我身边，兴奋地看着那个孩子写的字。其中有两三个孩子激动地对我说："给我一支粉笔吧，我也可以写字！"他们写出了妈妈、手、约翰、烟囱、阿达等不同的词。此前，这些孩子都没有用粉笔或其他书写工具写过字，这是他们第一次书写。那天，他们写出了很多完整的单词。

当妈妈第一次从婴儿的口中听到一个完整的单词时，会感到非常开心。而且，第一次写出单词也会让孩子获得难以言喻的快感。由于孩子无法在头脑中将书写准备训练与书写的行为联系起来，他们会产生一种到了一定年纪自然就会书写的幻觉。也就是说，在他们眼中，**书写好像是大自然赐予的天赋。**

事实的确如此。孩子之所以会说话，是因为他们之前在无意识中发展并完善了和语言能力相关的肌肉机制，做好了说话的准备。那么孩子之所以会书写，也是出于类似的原因。不过，书写准备训练更直接、更具体，这样使书写能力比说话能力发展得更迅速、更完善。

通过书写准备训练，孩子掌握了所有必要的书写动作。孩子并不是一点一点地逐步掌握书面语言，而是突然间大量获取，也就是以一种爆发的方式掌握的。换句话说，孩子可以在某个时间写出所有的词。这是我们在孩子书写教学的过程中获得的第一个经验。一开始，我们特别兴奋，像做梦一样，认为自己创造了奇迹。

孩子第一次写出单词时会非常兴奋，他可能会呼唤所有人来看自己写的字。如果没有人响应，他甚至会跑过去抓住某个人的衣服，强制性地把别人拉过来看。在一般情况下，孩子会在地板上写下第一个单词，为了更近距离地看到自己写的字，他们会跪下来仔细观察。

在此之后，孩子带着狂热的心情继续四处书写。例如他们会一窝蜂地挤在黑板面前，争先恐后地在黑板上写字。有一排孩子站在黑板面前，离黑板最近；还有一排孩子站在第二排，不过他们都站在椅子上，这样就可以在前排孩子的头顶上书写。

有些孩子因为没有挤到最靠近黑板的位置而生气，他们可能会推翻同伴的椅子，试图找到一丁点儿可以书写的地方；还有一些孩子会跑到窗户边或者门边，把单词写在窗户上或者门上。

在那段时间，我们可以在地毯上看到各种各样的单词和符号。家长每天也会反馈，说家里到处都是单词和符号，甚至连面包皮上都可以看到孩子写的单词。有些妈妈会送给孩子纸和铅笔。有一天，一个孩子带了一个小笔记本给我，上面满满当当的单词都是他写的。这个孩子的妈妈告诉我，他每天从早写到晚，哪怕上床睡觉，攥着铅笔和纸的手也没有松开。

我们不能遏制孩子这种书写的冲动。我由此想到了口头语言的发展，是大自然的智慧让口头语言获得了发展。一开始，大自然让人们通过听觉或视觉等感觉收集了大量的语言资料，如发音、词汇、语法等，并建成了一个资料库，这样就为流利的口头语言表达做好了充分准备。

在收集资料的阶段，孩子一直没有开口。直至准备好了之后的某一天，大自然才告诉孩子："开始说话吧！"于是，孩子开始以一种疯狂的状态不停地说话。他们毫不拘束，频频爆出单词激流，这种口头语言爆发的现象令人匪夷所思。

我相信，在无法开口说话与疯狂说话之间存在着一种愉快的过渡，这种过渡具有实际的意义。虽然这种现象是自发的，但为了让孩子的书写行为从一开始就是完善的，我们必须引导他们逐渐掌握书面语言。

大自然的智慧让我们明白了怎么控制孩子的书写爆发现象，以及如何更加冷静地对孩子的内在力量做出引导。如果孩子发现自己的同伴在书写，我们就应该对他们做出引导，让他们通过模仿同伴尽快地学会书写。

尽管孩子在书写时可能还没有学会所有的字母，能够写出来的单词不多，甚至写不全认识的字母能够组成的所有单词，但是他依然和第一次写出单词时一样快乐。只是这种快乐不如第一次时那么强烈，因为这种奇妙的事情每天都会发生，并且他们知道了所有人都具有相同的天赋。这样一来，一种镇静、有序的环境形成了。

例如有一天，我看到两个孩子在学数学，尽管他们对于自己能够书写感到特别骄傲和开心，但保持着一种安静且专注的状态。要知道，到昨天为止，他们都还没有想到自己会书写呢！老师告诉我，这两个孩子分别在昨天上午11点钟和下午3点钟学会了书写。

我们一定要冷静看待孩子的书写爆发现象，将它看作一种孩子自然发展的形式。

老师需要在合适的时候鼓励孩子进行书写。只有当孩子完成了准备训练的三个阶段，却没有主动开始书写时，老师才能采取干预行为，否则就可能阻碍孩子的自发书写行为，让孩子的努力变得漫无目的。

老师可以按照以下几个方面判断让孩子进行书写的时机是否合适：是否可以使用规则的平行线填充几何图形；是否可以闭眼识别出砂纸字母；是否可以积极、熟练地组合出单词。

当孩子完成了以上训练之后，我们最好先等待一个星期，看看孩子会不会自发地书写。如果孩子没有出现自发书写的行为，那么我们再进行干预，刺激并引导孩子进行书写。

在教孩子书写时，老师首先要规范黑板的使用，让孩子在书写时遵守一定的规则并维持恰当的维度。其次，对于孩子书写中出现的错误，老师不能立刻纠正，而要引导孩子继续描画砂纸字母。只有这样，孩子才能学会书写动作，并通过这个动作来完善书写行为。

我记得，曾经有一个孩子希望自己可以写出漂亮的字，于是把全部砂纸字母都拿了过来。在写某个单词之前，他会将单词中的全部字母摸上几遍。如果他认为写的某个字母不好看，就会擦掉重写，每次重写之前还要再摸一次对应的砂纸字母。

哪怕孩子已经会写字，甚至会书写的时间长达一年，也需要进行三个阶段的书写准备训练，这样他们就可以写出非常漂亮的字。

真正的书写对于孩子们来说只是一种测试，而不是训练，它是孩子们内心的冲动以及一种做高等级动作带来的快乐造就的。书面语言是人类文明的最高表现形式，孩子们通过类似书写却又不是书写的训练，掌握了书面语言并对它进行了完善。

在尝试前做好准备，在开始前完善观念，这种教学方法具有很大的教育价值。为了纠正孩子的错误而让孩子尝试自己无法做到的事情，只会降低孩子对错误的敏感性，因此这样做没有什么效果。

其实，不管是刚开始进行三个阶段书写准备训练的孩子，还是已经书写了好几个月的孩子，他们每天都在重复相同的训练，因此变得团结友爱。初学者和熟练者是平等的，他们之间没有什么区别。尽管孩子们的年龄各不相同，但是他们都在用彩色铅笔给图形填色、触摸砂纸字母、把字母组成单词，大家互帮互助，走在同一条道路上。

我们只会教那些流露出书写欲望的孩子书写，并且他们可以很快地学会。当老师教其他孩子书写时，这些充满欲望的孩子会自发地在一旁观察。其中有些孩子甚至不用经过专门的学习，只是旁听别人上课就可以学会书写。

概括起来，所有4岁的孩子都对书写表现出了极大的兴趣，部分孩子才三岁半就开始书写了。我们还观察到，在描画砂纸字母时，孩子们显得格外欣喜和激动。

在我刚开始进行书写教学实验的某一天，孩子们正在阳台上玩耍。我让贝蒂妮将她制作的所有字母卡片都拿了上来，这是孩子们第一次看到字母。

一看见字母，孩子们都围了过来，并且急切地伸出手，想要用手指触摸卡片上的字母。

那些拿到字母卡片的孩子，将卡片举得高高的，就像举着一面旗帜开始四处游走。许多孩子跟在那些拿着字母卡片的孩子后面，一边拍着手掌，一边开心地叫喊。孩子们的笑闹声吸引了他们妈妈的注意，她们透过附近居民楼上的窗户看到了这个场景。

一个4岁的孩子平均要花一个月到一个半月的时间，来完成从进行第一次书写准备训练到写出第一个单词的过程。5岁孩子花费的时间则比4岁孩子要短，大约需要一个月。可是，有些小学生花了20天才学会字母表中的全部字母。

在儿童之家，4岁孩子学习了两个半月以后，就能够用墨水笔在笔记本上写出他们听到的任何单词。3个月后，孩子们都可以非常熟练地写字了。6个月后，孩子们就达到了小学三年级的水平。**在孩子们的心目中，书写是最轻松、最容易从中获得快乐的一件事情。**

假如成人拥有像6岁以下的孩子一样的学习能力，那么消除文盲这件事情就会变得非常容易。要想实现这个伟大的愿望，我们面临着两个最大的难题：混乱的肌肉感觉和有缺陷的口头语言。口头语言的缺陷必然会影响书面语言的发展。虽然没有进行相关的实验，但我相信，一学年足以让文盲学会书写并将自己的思想用书面语言表达出来。

以上内容与孩子学习书写的时间有关。至于书法技巧，我们的孩子从开始书写的那一刻就已经掌握了。看看他们写的那些字母，和砂纸字母一样形状圆润、线条流畅，这一点令人非常吃惊。没有哪个小学生的书法可以和我们这里的孩子相比，因为他们没有进行过握笔和运笔的专门训练，而他们此前进行的画直线等训练，对书写能力的发展并没有什么用处。

相反，儿童之家的孩子拥有了一种自发的完美性，他们不写完一个单词就不会提笔，并且会让字母保持理想的坡度和间距。这一切几乎让每一位参观者都兴奋地大喊："如果不是亲眼所见，我绝对不会相信他们可以写得如此完美！"

如果没有视觉和肌肉运动的帮助，孩子仅仅观察模型，那么之后需要很长时间才会写出这个字母。如果孩子身上已经出现了所有缺陷，并且错过了肌肉记忆的最佳发展时期，那么在这个时候接受书法教学就会收效甚微。

我们之所以为孩子进行准备训练，是为了让孩子通过触摸印刷体字母发现字母本身的美感。这样既可以帮助他们学会书写，也可以促使他们写出来的字好看和流畅。

阅读教学方法和教具

阅读教学需要使用的教具包括印着清晰的单词或句子的卡片以及各种各样的玩具。

在教学时，必须将书写和阅读做出明确的区分，因为这两种行为不一定是同时进行的。大众普遍认为，孩子先学会阅读，再学会书写。而我的看法恰恰相反，我认为书写在前，阅读在后。我并不认同孩子检查自己写的单词是一种阅读行为。在这个时候，孩子只不过将字母符号转换成声音，正如在书写时把声音转换成字母符号。

在我看来，阅读是一种智力活动，孩子需要理解书写符号包含的概念。只有当孩子看到由字母拼好的单词，但是没有听到单词的发音时，他能够说出这个单词的含义才是阅读。

阅读单词和书面语言的关系，就像听写单词和口头语言的关系一样。无论是阅读还是书写，都是为了接收他人向我们传递的语言信息。由此说来，只有当孩子可以理解书面语言中的概念时，才算是学会了阅读。

但很显然，我们在教孩子书写时也为教他们阅读打下了基础。因为通过学习书写，孩子为读出由字母拼成的单词的发音做了准备。在儿童之家，一旦孩子学会了书写，也就知道了如何读出单词的发音。

不过，有一点我们要注意，那就是孩子在用字母组合成单词或者写单词的时候，需要先进行一番思考，因此我们必须给孩子留出足够的时间。学会写单词比能够读出单词耗费的时间更多。

如果一个孩子知道怎么写出一个单词，他或许能够缓慢地读出这个单词的发音，但是他不一定能够解释这个单词的含义。只有等他能够清晰而正确地读出单词时，他对于这个单词的理解才会变得更明确。孩子只有认识这个单词，才能确定单词的音调。

认识单词则表示孩子清楚地知道这个单词包含的意义。

阅读是一种高级智力活动，当孩子想阅读时，我们必须采取适当的干预措施。在蒙台梭利教育体系中，对孩子的阅读教学完全抛弃了旧式的启蒙读物，并且按照下面的方式进行。

我准备了一些用普通书写纸做的卡片，每张卡片上都写着一个又大又清晰的单词。这些单词都是孩子们经常说的，是一些实际存在的物体或者孩子们非常熟悉的某个东西的名称，包括洋娃娃、房子、球、树木、羊群、铁路以及大量简单的图形等。

假如某个单词指代的物体是孩子熟知的，我会把这个物体拿到孩子眼前，让孩子可以更直观地解释这个单词。

书写可以纠正孩子的口头语言机制，阅读能让孩子和语言发展产生关联，帮助孩子形成相关的概念。书写对生理语言的发展有促进作用，阅读则能够促进社会语言的发展。

我们的阅读教学是从名称开始的，也就是让孩子读出熟悉的物体的名称。这些名称的单词不论是简单还是复杂，对孩子来说都没有什么难度，因为他们已经学会了如何读出任意一个单词的所有音节。

首先，我们要让孩子读出这些单词，将书面语言转换为声音。如果他没有做到准确转换的话，我就会告诉他"快一点"，孩子就会加快速度再读一遍。将单词反复读几次之后，这个单词终于进入孩子的意识。此时，孩子看到这个单词就像发现了一位老朋友一样开心。要注意的是，在孩子读单词时，需要把卡片放到与之对应的物体上。到这里，阅读训练就完成了。

我们发现，一个有趣的游戏可能会让孩子非常轻松地学会读单词。

我们准备了一张大桌子，上面摆放了各种各样的玩具，每个玩具都有一张对应的卡片，卡片上写着玩具的名称。

将玩具名称卡片折叠好后混合放在篮子里，然后让那些会读这些单词的孩子从篮子中挑选一张卡片抽出来。抽完卡片后，所有孩子都回到自己的座位上，悄悄地将卡片打开，在心里默读卡片上的单词。

紧接着，孩子要重新折叠好卡片，并拿着折叠好的卡片回到放玩具的桌边，对老师清楚地说出卡片上的名称。为了确定孩子说的名称是否正确，老师可以看看卡片。如果孩子说对了，他可以拿走对应的玩具，尽情地玩耍。

当所有孩子都读了一次卡片上的单词并换到相应的玩具玩了一次以后，老师再把第一个拿到玩具的孩子叫过来，让他从另外一个篮子中抽出一张卡片并马上读出上面的单词。这些卡片上写的是那些没有学会阅读的孩子的名字。现在，这个已经拿到玩具的孩子要把他之前获得的玩具交给被他读到名字的小伙伴。

我们告诉孩子们，**将玩具交给同伴时一定要保持优雅和礼貌，而且要相互鞠躬。这样做的话，孩子们就懂得要平等对待周围的人，唤起他们对那些不如自己幸运的人的慈悲心。**

这种阅读游戏进展得很顺利。孩子即使只能短暂地玩一下那些玩具，也会感到非常满足。

然而令我感到惊讶的是，如果孩子们已经理解了单词，那么就不会再拿玩具。他们解释说，不希望把时间浪费在玩耍上。这些孩子对抽出卡片进行阅读这件事本身表现出了一种亟待满足的渴求。

我看着孩子们，希望可以探寻他们幼小心灵中隐藏的秘密。我站在孩子们中间开始思考，然后发现，**我之所以能感受到人类伟大的灵魂创造出的各种奇迹，正是因为孩子们更热爱知识而不是简单的游戏。**

于是，我放弃了所有玩具，做了上百张卡片，卡片上的内容包含了孩子们的名字，城市和物体的名称，以及颜色、质地等和感觉相关的词语。我们把这些卡片都放在盒子中，以便孩子们随时拿出来使用。我曾经以为，孩子们会迅速地抽取卡片，从一个盒子换到另一个盒子。但让我意外的是，所有的孩子都是先读完一个盒子里的卡片之后，才去拿另一个盒子里的，他们对阅读有着无穷无尽的渴望。

有一次我来到学校，发现孩子们在老师的要求下，把桌椅都搬到阳台上进行室外阅读教学。有些孩子在阳光下嬉戏，另一些孩子则围坐在桌子旁边形成了一个圈，桌面上摆放着砂纸字母和能够移动的字母。坐在旁边的老师手里拿着一个又窄又长的盒子，里面都是写着手写体单词的卡片。许多孩子伸出小手，在盒子里挑选自己想要的卡片。

老师告诉我："说出来你可能不信，这个游戏已经玩了超过一小时了，但是孩子们依然想继续玩下去。"

我拿来球和洋娃娃，想分散孩子们的注意力，但是没有成功。看来，玩具并不能像知识一样给孩子们带来那么大的快乐。

得到这个意料之外的结果之后，我打算用印刷体的单词来对孩子们进行测试。我给老师提了一个建议——把印刷体单词加在部分卡片上的手写体单词下面。事实证明，这完全难不住这些孩子。我们学校的大厅里挂着一个有许多印刷体单词的日历，上面甚至还有哥特体字母。狂热的阅读欲望促使孩子们去看这个日历，我因此感受到了难以形容的惊讶——不只是印刷体字母，孩子们竟然可以阅读哥特体字母！似乎现在就差给孩子们一本书来阅读了，然而到目前为止，我还没有找到一本适用于我的教学方法的书。

很快，妈妈们也发现了孩子们对阅读的强烈渴望：她们在孩子们的口袋中找到了一些写着购物清单的小卡片，上面的单词是面包、盐等。还有一些妈妈对我说，当她们带着孩子上街时，孩子们喜欢停下来阅读商店橱窗上的单词，而不会像以前一样到处乱跑了。

有一个4岁的孩子，他在一所私立学校里也接受了相同的阅读教学。这个孩子的爸爸是市长，爸爸知道自己的孩子已经学习书写和阅读两个月了，但对此没有特别留意。他不太相信孩子可以通过这种教学方法学会书写和阅读。

有一次，爸爸坐着看书，孩子在一旁玩闹。这时，仆人走进来，把一大堆信件放到了桌子上。这些信件引起了孩子的注意，他跑过去，将每一封信上的地址都大声地读了出来。孩子的行为让爸爸感到吃惊，他认为这简直就是奇迹。

经验表明，从孩子开始书写的那一刻算起，平均需要两周时间完成从阅读低级的图形语言到阅读高级的文字语言的过渡。如果想要让孩子掌握熟练阅读的能力，需要花费的时间则更多。很多时候，即使孩子已经能写出一手漂亮的字，他的阅读能力还是非常差。

哪怕是相同年龄的孩子，也不一定拥有相同的阅读能力和书写能力。并非所有孩子都会自发地参加书写和阅读的课程。如果孩子不想学习书写或者阅读，我们不会强迫他，也不会故意刺激他，更不会哄骗他去做违背自己意愿的事。

假如采用旧式教学方法，孩子的意志可能被扭曲，这会破坏他们的自发性。旧式教学方法的理念是，不可能在孩子6岁之前对其进行书面语言教学。如果这个观点是对的，那么我们的教学方法就更不可能实现了。

我无法确定对书面语言进行发展的最好时机是否就是口头语言得到充分发展的那一刻，不过我可以确定的是，那些接受了我们的教学方法的孩子，几乎都能在4岁时开始书写，在5岁时学会阅读，而且他们的水平至少与小学一年级的学生相当。

我的朋友们发现儿童之家的孩子能够阅读印刷体单词了，于是送来了一些精美的图书当作礼物。可是我粗略地浏览了一遍之后，认定孩子们理解不了这些书里的童话故事。而一些老师对学生的能力充满了信心，认为我的看法是错的。他们认为和小学二年级的学生比起来，我们儿童之家的孩子要强多了。

但是，我不希望自己被这些老师的观点蒙蔽了，所以做了两个试验。第一个试验，我让老师将书里的一个故事读给孩子们听，同时我在旁边观察，看看孩子们对这个故事的兴趣有多大。

我发现老师才读了几个单词，孩子们就已经无法集中注意力了。我要求老师不要提醒那些注意力分散的孩子。没过多久，教室里出现了嘈杂的嗡嗡声，因为孩子们已经不关心老师在讲什么了，他们把注意力转向了自己的事情。

显而易见，那些看上去因为读书而开心的孩子，实际上是因为他们获得了阅读的能力而开心，他们能够把看到的图形符号转换成认识的单词和发音。当孩子拿到了一本书之后，发现书里的许多单词都不认识，就无法获得这种开心。

第二个试验是让一个孩子念书给我听。我给了一个小男孩一本书，然后坐在他旁边听他读书。在他读的过程中，我没有像别的老师一样打断他。等这个小男孩读完几段话停下来后，我才问他："你知道自己读的是什么意思吗？"他答道："不知道。"他看起来很好奇为什么我会让他读书。

事实上，通过阅读一系列单词，我们就能领悟别人传递的复杂思想。对于孩子们来说，阅读可以给他们带来无限的惊喜。然而，书依赖的并非语言机制，而是逻辑语言。只有建立起一种逻辑语言，孩子才会理解和欣赏书里的内容。就像知道如何发音和会说话一样，学会阅读单词和学会阅读书两者之间是有一定差距的。基于这些原因，我没有让孩子们现在就阅读书，而是等待一个合适的时机。

有一天，在自由对话课上，有4个孩子不约而同地站了起来，他们看起来都很开心。这4个孩子跑到黑板前，用粉笔写下了一句话："花园里的花儿开了，我们太高兴啦！"当时，我感受到了巨大的惊喜和深深的感动。孩子们自发地掌握了写作技巧，就如同他们自发地写出了第一个单词一样。就在那一刻，我知道可以开始教孩子们阅读句子了。

语言机制的形成过程是一样的，只要时机一成熟，在逻辑性的口头语言的刺激下，书面语言也会爆发式地发展。看到孩子们写出的句子，我也在黑板上写了一句话："你们爱我吗？"孩子们慢慢地、大声地读着这句话，在安静了一会儿之后，他们似乎思考出了答案，然后喊道："爱！爱！"

我又在黑板上写道："好的，请你们保持安静，都看着我。"孩子们又大声地读出了这句话，但在快要读完的时候，他们忽然安静下来了。整个教室里只能听到轻微的挪动椅子的声音，而这个声音也是孩子们为了减少噪声而调整姿势才产生的。

就这样，我和孩子们之间开始用书面语言进行交流。对此，孩子们抱有极大的兴趣。他们渐渐地发现，书写和阅读有着相同的本质，那就是传递思想。不管什么时候，只要我开始写字，孩子们都十分迫切地想弄明白我写的是什么意思。

在孩子们学会了初步的阅读以后，我们进行了下面的游戏，这个游戏深受孩子们的喜欢。

我准备了一些卡片，上面写了一些长句子，描述的是我想要孩子们做的动作，例如"请关上百叶窗，打开前门；稍等片刻之后，把所有的物品还原""请有礼貌地邀请8个同伴离开座位，并让他们在教室中间站成两排，然后让他们踮起脚尖前后移动；在这个过程中要保持安静，不能发出任何声音""找出三位年龄最大、唱歌最动听的小伙伴，如果他们愿意的话，就让他们站在教室中间，然后和大家一起唱一首歌"等。我一写完这些卡片，孩子们就马上从中挑出一张，然后拿着卡片回到了自己的座位上，安静且认真地阅读卡片上的句子。

我问孩子们："你们明白这上面写的是什么意思吗？"

"明白了！明白了！"孩子们争先恐后地回答。

"那么，你们按照卡片上写的去做吧！"

接下来，我就看着孩子们迅速而准确地按照卡片上的句子去做。有的孩子关上了百叶窗，有的孩子让同伴踮起脚尖走路，有的孩子让同伴唱歌，有的孩子在黑板上写字，还有的孩子将某样东西从碗橱中拿了出来。无一例外，孩子们脸上都是惊喜、好奇的表情，似乎有一种魔力刺激了他们去做这些行为。这种魔力来自书面语言，可以说，书面语言是人类文明最重要的成果之一。

孩子们深刻地明白了书面语言的重要性，当我准备离开时，他们都围了上来，充满感激地对我说："谢谢您！谢谢您的这一课！"

很快，这个游戏在孩子们中间流行起来。游戏刚开始时，我和孩子们会完全保持安静。然后，我拿出一个篮子，里面装着叠好的卡片，每张卡片上都写着一个含有动作要求的长句子。学会阅读的孩子都能从这些卡片中抽取一张，然后默读卡片上的内容直至完全理解。

紧接着，孩子们会将卡片放回篮子中，开始按照卡片上的要求做动作。在这个过程中，他们有时会需要那些还没有学会阅读的同伴的帮助。

所有活动都有序地进行着，教室里只能听到孩子们小跑时发出的很轻的声音或者孩子根据卡片上的要求唱歌的声音。

根据经验我们了解到，在教孩子阅读时，要先让他们默读，而不是大声朗读。大声朗读包含了口头和书面两种机制的语言，因此是一项非常复杂的智力行为。假如让一个成人给大家读报纸，他需要先理解报纸的内容，才能读得更好。那么孩子在刚开始学习阅读时，也需要先通过默读理解书面语言表达的含义。

儿童之家的阅读教学水平已经很高了，为了促使孩子更好地发展，我们需要对整个小学教育体系进行改革。但是怎样改革才能让小学的教育体系与我们的蒙台梭利教育体系衔接起来呢？我无法在此说明。我只能说，应该取消小学一年级，因为我们的幼儿教育已经包含了小学一年级的内容。

从儿童之家毕业的孩子学会了书写和阅读，拥有完善的口头语言能力和阅读技巧，也可以理解逻辑语言；他们懂得怎样照顾好自己，会自己穿脱衣服和洗澡；他们拥有良好的行为，懂得礼节，遵守纪律，自控力也很强。

这里的孩子讲话清晰，书写流畅，动作优雅。在美感中长大的他们，拥有最诚挚的人性；面对周围的环境，他们也是最有智慧和最具耐心的观察者；自由的智力还让他们掌握了理性的力量。

我认为，小学应该并且值得接收这样的孩子，引导他们继续在生活和文明的道路上勇往直前。而且，小学应当严格遵循一个教育原则：**尊重孩子的自由和天性，这有助于孩子形成良好的个性。**

孩子的语言

所有的语言缺陷也出现在儿童期，例如方言或某些不好的语言习惯，这些语言缺陷一旦到了成人期就很难改正了。

语言包含口头语言和书面语言。

对于人类来说，口头语言不仅是一种自然能力，还可以用来进行社会交流；书面语言建立在神经系统内形成的某些新机制上，也是帮助人类实现社会目的的一种工具，例如可以传播思想和文化。

我认为，刚开始阅读和学习书面语言是非常困难的。这不仅是因为我们一直在使用一种非理性的教学方法，也因为我们不切实际地希望孩子一学会书面语言就能立刻很好地运用它。我们没有注意到一个事实：书面语言经过了人类文明几千年的沉淀才得以完善。

想想看，以前的教学方法是多么不合理啊！我们只是分析了构成书面语言的各种图形符号，却忽略了无论什么图形符号都是很难掌握的事实。这是因为图形符号的视觉刺激与书写图形符号的运动神经机制没有必然的联系。只有当图形符号的视觉刺激与书写图形符号的运动神经机制建立了联系，我们才能唤起运动神经的应激反应。如果没有通过训练在二者之间建立联系，那么就很难促进书面语言的发展。

假如我们把书面语言还原成旧书写教学方法中的直线和曲线，那么就无法让孩子们感受到图形符号的重要性，也就不能激发他们的兴趣，更不能引起他们自发地产生运动神经冲动。这样一来，孩子很容易疲乏，在学习的过程中也会无比痛苦。

最初，孩子只对语言中那些简单的音节感兴趣。妈妈可以通过一些简单的音节，例如"ba，ba，ma，ma"吸引孩子的注意。慢慢地，孩子也会说出一些简单的音节，例如"mama"。

孩子能够说出包含某个概念的单词时，表明他可以用口头语言来交流了。例如，当孩子看见并认出自己的妈妈后，他会叫"妈妈"；当孩子看见狗的时候会说"狗"。这时，孩子能够感知单词并将它与对应的物体联系起来，这说明他的口头语言和感知产生了关联，进入了初级的语言阶段。在这个基础上，口头语言会不断完善，听觉对单词构成和发音的感知也会越来越好，心理—运动神经通道对于语言的敏感性也越来越强。

人通常在2～7岁的时候开始发展口头语言。这个阶段是感知觉发展的重要阶段，也是记忆力最敏锐的阶段。此时，孩子开始将注意力自觉地由内部世界转到外部世界。同时，这个阶段的孩子也特别好动，心理—运动神经通道日趋完善，肌肉机制也逐渐形成，这些为其口头语言的发展提供了条件。

在2～7岁，听觉通道和口头语言的运动神经通道建立了联系，听觉刺激促进了口头语言的发展。这个年龄段是口头语言充分发展的黄金时期，一旦错过就无法再获得任何语言调节（例如纠正语言缺陷）。7岁以下的孩子，几乎能同时学习几种语言，并且能学会和重现所有的腔调和发音的方式。

孩子也许不能完全明白自己说的话，因此非常有必要对口头语言进行分析，不仅要分析发音，还要分析单词、语法、修辞等。但分析语言的前提是这些话语必须存在，那么就只能将抽象的口头语言通过具体的图形符号呈现出来，也就是通过书写形成书面语言。

书面语言是一种宝贵的、至关重要的智力教育工具。在它的帮助下，人们可以巩固和分析概念，还可以将它们写进书本，变成不会被更改的单词记忆。相对于口头语言来说，书面语言的机制更简单，实现相关的教育也就更容易。**学习书面语言的真正难点在于理解和运用图形符号。**

概括来说，口头语言和书面语言是紧密相关的。口头语言和书面语言可以完美地结合起来，因为书写的运动神经行为可以与相应的听觉刺激产生关联。

但是，所有的语言缺陷也出现在儿童期，例如方言或某些不好的语言习惯，这些语言缺陷一旦到了成人期就很难改正了。

一部分语言缺陷是由于生理原因产生的，如生理上的畸形或者神经系统的病变等。还有一部分语言缺陷是功能性的，源自孩子错误的单词发音。如果孩子听到的单词或者语句的发音不准确，他就可能学会这种错误的发音，方言口音就是这样产生的。

还有很多坏习惯造成了孩子在儿童期出现语言缺陷，这些缺陷没有被及时纠正，而是保留了下来。

事实上，口头语言所必需的肌肉运动是慢慢形成的。孩子发声器官的肌肉没有得到很好的锻炼，无法正常地发挥作用，就会导致孩子无法重现正确的发音，这样也就造成了语言缺陷。我们将这些缺陷统称为"口齿不清"，如s，r，l，g等字母发音不准，喉音和唇音存在缺陷等。

通常这些语言缺陷会持续很长时间，如果不及时纠正，最终会导致语言错误，如方言错误。**一个了解了人类语言魅力的人，必然会认为只有掌握了正确口语的人才是正常的。如果不完善口头语言，就不可能进行美学概念上的教育。**

现在，我们只是利用了一些教学方法来纠正口吃之类的语言缺陷。然而，语言体操作为一种纠正语言缺陷的有效方法，却没有在学校中得到普遍推广。

目前，一些聋哑人学校和热心于纠正发音的人正尝试将正音课程引入小学，并且取得了一定的成绩。据统计数字表明，学生们普遍存在语言缺陷问题。纠正语言缺陷的训练包括让发声器官得到休息、反复练习发出单个元音和辅音以及呼吸体操等。由于这些训练需要花费很多时间，而且也不适合我们的教学方法，因此，我不会详解介绍这些训练方法。

在蒙台梭利教育法中，纠正语言缺陷的训练有以下几种。

1.安静训练

通过这种训练，语言的神经通道可以接受新的刺激。

2.课程训练

首先，老师选择几个和具体事物有联系的单词，清晰、准确地读出它们的发音。

然后，重复几次发音，让孩子通过听觉刺激感知这个单词所指代的物体概念，也就是认识物体。

最后，在语言的听觉刺激下，孩子必然会自己大声地读出单词。

3.书面语言训练

通过书面语言训练，可以分析语言中每个音节的发音。孩子无论是在学习字母表中的任何一个字母，还是在用字母组成单词或者书写单词，都应该读出这些音节或者单词。

4.体操训练

体操训练包含呼吸训练和发声训练。

我确信，未来的学校不会存在"小学纠正语言缺陷"这个概念，而且会使用一种更理性的方法，那就是儿童之家使用的这种方法，即在儿童期这个语言发展阶段，重视孩子的语言发展，避免出现语言缺陷。

算术教学
——数字

在老师的指导下，孩子们会逐渐理解游戏的要求，但是这个过程比我们想象的要难得多。这对孩子来说是一种自我否定，需要孩子克制住自己本能的欲望。

　　一个刚进入儿童之家的3岁孩子，就已经会从1数到2或3了。数物体的个数，也就是数数，对于他们来说非常容易。

　　在日常生活中，我们可以通过各种各样的方式让孩子学会数数。例如，妈妈可以对孩子说"你衣服上的扣子少了两粒"，或者"还需要三个盘子"等。

　　在儿童之家，我起初用教孩子数钱对他们进行算术教学。对孩子们来说，换零钱是非常有吸引力的数数方法。我准备了一些面值分别为1、2、4生丁的硬币，孩子们可以借助这些硬币学会从1数到10。

　　没有比换零钱效果更好的训练方式了。孩子们之所以对数钱感兴趣，是因为硬币和日常生活紧密相关。在尝试过用数钱这种实际的方式教孩子数数之后，我开始思考一种更系统化的训练方式。我决定使用在感觉训练中用过的一套教具——用来教授长度的10根木棒。这套木棒最长的是1米，最短的是10厘米，每根木棒的长度依次递减10厘米。每根木棒每隔10厘米还会交替用红色和蓝色做标记。

我让一个孩子从最短的那根木棒开始，数一数红色标记和蓝色标记的数量：1；1，2；1，2，3……每次数木棒上的标记时，都要从1开始。然后，我让孩子根据每根木棒上红蓝标记的总数量给它们命名。也就是说，如果木棒上只有一个标记，则命名为1号棒，剩下的依次为2号棒、3号棒……最长的那一根则为10号棒。由此，可以得到1至10这十个数字。当孩子数最长的那根木棒上的标记时，也可以得到1至10这十个数字。如果将木棒从短到长依次排列，再让孩子从最短的那根数到最长的那根，依然可以得到1至10这十个数字。

可见，通过三种不同的方式，我们都可以得到相同的1至10的数字序列。这三种计数方式也可以让孩子验证自己数的数正确与否。孩子对这种计数方式充满了浓厚的兴趣，他们会反复地练习。

接下来，我们结合数数训练和认识木棒长短的感觉训练，进行一个新的训练。老师把这些木棒混合放到地毯上，然后从中拿出一根木棒并让孩子数出标记的数量。例如，老师拿的是5号棒。老师先让孩子数出这根木棒上的标记数量为5，然后让孩子从其他木棒中找出比5号棒长10厘米的那一根。孩子可以通过观察做出选择。当他选出一根木棒后，老师就将新选出的这一根和5号棒并排放在一起，让孩子数一数标记的数量来验证对错。

用符号呈现的数字

假如孩子已经学会了书写，我们就可以像教孩子学习字母时那样，用砂纸剪出数字，然后将它们贴在卡片上，再让孩子像描画字母一样描画这些数字。当孩子用手触摸砂纸数字时，老师可以在一旁告诉孩子"这个数字是1""这个数字是2""把数字1给我""把数字2给我""这是几"等。

为了让孩子将数字符号与数量联系起来，我设计了两个由5个部分组成的盘子。每个部分都在底面上贴着一张数字卡片。第一个盘子里贴的是0，1，2，3，4；第二个盘子里贴的是5，6，7，8，9。很显然，训练的方法就是让孩子根据盘子各个部分底面的数字，往里面放入相应数量的物品。

我们给孩子们准备了不同的物品，但主要使用的是不容易滑落的大木钉。我们将这些大木钉放在孩子们面前，并告诉他们，一颗大木钉表示数字1，以此类推。然后，我们就让孩子们数出相应数量的大木钉并放进盘子。当孩子们完成以后，就让老师来检验是否正确。

孩子把贴有1，2，3，4，5，6，7，8，9等数字的位置都放上相应数量的大木钉后，指着贴着数字0的部分，问："这里应该放多少个颗木钉呢？"

我告诉孩子："0等于没有，这里什么都不用放。"

但光这样说还不够，必须让孩子明白0究竟是什么意思。为此，我设计了一个小游戏。

我让孩子们围成一圈，我站在他们中间。之后，我转向某个已经进行过上述训练的孩子，说道："亲爱的孩子，到我这里来0次。"一开始，几乎所有孩子都会向我跑过来，然后再跑回自己原来的位置。

"孩子呀，我说的是0次，你却过来了1次。"

孩子们可能很不理解，想知道自己为什么做错了。他们问我："那我应该怎么办呢？"

我说："什么都不要做，0就是没有。"

"可是怎么做才是没有呢？"

"你只要静静地站着，不必做任何事情。0次的意思就是一次也没有。"

在孩子们没有真正理解0的含义之前，我会一直让他们重复玩这个游戏。一旦孩子们理解了0的含义，当我再叫他们过来0次或是亲我0下时，他们会保持安静，一动也不动。孩子们常常大笑着叫喊："0就是没有！ 0就是没有！"

数字记忆练习

当孩子们认识了数字并且了解了数字的含义之后，就可以进行下面的训练了。

我将从旧日历上剪下来的数字贴在卡片上，并把卡片折好后放进盒子中。

我让孩子们先从盒子中抽出一张卡片,回到座位上后打开卡片查看,之后再把卡片折起来以防别人知道上面的数字。

紧接着,我让孩子们一个接一个地到老师的桌子旁边。桌面上摆放了许多小物品,每个孩子都需要按照自己抽到的卡片上的数字,挑选出对应数量的物体。在这个过程中,孩子们不仅需要来回走动,还要保证时刻牢记自己卡片上的数字。这时,老师就能进行趣味性的观察,了解每个孩子的数字记忆差别。

孩子们拿到物品后,将其放到自己的桌子上。物品需要被摆成数量一致的两列。如果物品的数量是奇数,那么孩子就要把落单的那个物品放在数量相等的两列物品下面居中的位置上。

孩子们排列好物品以后,老师就开始检验了。老师会走过来打开卡片并读出上面的数字,然后核对物品的数量。

刚开始进行这个游戏时,孩子们常常会拿比卡片上要求的数量多一些的物品。这体现了人类贪婪的本能,他们认为拥有的物品越多越好。此时,老师要让孩子们知道,哪怕他们将全部物品都拿来了也没有用,因为游戏的要求是拿和卡片上数量一致的物品。

在老师的指导下,孩子们会逐渐理解游戏的要求,但是这个过程比我们想象的要难得多。这对孩子来说是一种自我否定,需要孩子克制住自己本能的欲望。例如,当其他孩子拿了很多物品时,自己只能按照卡片上的数量要求拿两个。在我看来,这不仅是一种数字记忆训练，更是一种锻炼意志力的训练。尤其是抽到数字0的那个孩子，他什么物品也不能拿，只能无奈地看着小伙伴们自由地挑选物品。有好几次，一些数数非常好的孩子拿到了数字0，或许他们原本希望拿更多的物品并摆放得整整齐齐，享受被老师检验时的快乐，然而现在他们什么也不能做。

我发现，抽到数字0的孩子的表情很有意思。每个孩子拥有不同的个性特点。有些孩子不动声色，表面上看起来很勇敢，其实是为了隐藏内心的失望；有些孩子的失望之情会通过一些下意识的动作流露出来；有些孩子会因为抽到0而认为自己很独特，无法掩饰地表现出喜悦之情，这引发了同伴们的好奇；有些孩子用一种近乎嫉妒的渴求眼神观察别的同伴的所有动作；还有些孩子立刻表露出一种接受的神情。

当老师检验时，抽到0的孩子的表情也很有趣。老师问："你为什么任何物品都没拿呢？"孩子回答道："我抽的是0。"虽然对话很简单，但是通过面部表情和说话的语气，孩子们表现出各种各样的情绪。

事实上，抽到0的孩子中的大部分都很不高兴或是很无奈，很少有人的表情是开心的。

为了缓解孩子们的情绪，我们向他们这样解释："玩这个游戏最难的是，当有人抽到了数字0后，要将这个作为秘密，不让别人知道。"如此一来，孩子们的注意力慢慢地集中在保持安静上面。然后我们发现，如果他们打开卡片看到数字0后，可以做到保守秘密。

1~20的加减乘除法

第一次教孩子算术运算时，我们使用了数数训练的教具——有红蓝标记的木棒。这其中蕴含了最初的十进制概念。

前文说过，这些木棒是按照颜色标记的数量来命名的，例如1号棒、2号棒、3号棒等。因此，不管是按照木棒的长短顺序，还是按照它们的名称顺序，都可以排列出一个数字序列。

第一个加法训练是用不同的木棒组成10。最简单的方法是从1号棒和9号棒开始，将两根木棒的上下端放到一起。

此时，我们可以这样引导孩子："把1号棒拿到9号棒上面；把2号棒拿到8号棒上面；把3号棒拿到7号棒上面；把4号棒拿到6号棒上面。"这样，四组颜色标记加起来等于10的木棒就组合好了。还剩下一个5号棒，只要把5号棒调转180度，这样原本的标记加上掉转方向后木棒上的标记也等于10，这就清楚地说明了5的2倍是10。

孩子们反复进行这样的训练之后，渐渐地就会使用更专业的语言来表达了：9加1等于10；8加2等于10；7加3等于10；6加4等于10；5加5等于10。

等到孩子们学会书写，我们就让他们学习加号、减号和乘号等运算符号。后来，我们发现一个孩子的笔记本上整齐地记着这些算式：

9+1=10

8+2=10

7+3=10

6+4=10

5+5=10

在孩子们学会了这些加法运算之后，我们可以再教他们减法运算。具体的做法是：分开10的木棒组合，并将它们放回原位。例如，从木棒组合中拿走4，留下6；拿走3，留下7；拿走2，留下8；拿走1，留下9。当我们这样做的时候，可以告诉孩子们："比10少4等于6；比10少3等于7；比10少2等于8；比10少1等于9。"当只剩下5时，我们可以说5是10的一半。只要将木棒10截成两段，就可以得到两个5。

对于上面的过程，我们可以用算式记录下来：

10–4=6

10–3=7

10–2=8

10–1=9

10–5=5

在孩子们训练得非常熟练之后，就可以举一反三了。

我们可以引导孩子："是不是可以通过两种方法得到3呢？"将1号棒放在2号棒的后面，2+1=3；或者将2号棒放在1号棒的后面，1+2=3。

"是否有两根木棒拼起来的长度等于4号棒的长度呢？"使用木棒进行排列组合之后，我们可以得到：3+1=4，4-3=1，4-1=3。

我们还可以观察到，2号棒与4号棒的关系同5号棒与10号棒的关系一样。只要翻转2号棒就会发现，4等于两个2，用算式表示即为$4 \div 2=2$，$2 \times 2=4$。

还有哪些木棒符合上面的算术关系呢？答案是1号棒和2号棒、3号棒和6号棒、4号棒和8号棒，用算式表示为：

$1 \times 2=2$，$2 \div 2=1$

$3 \times 2=6$，$6 \div 2=3$

$4 \times 2=8$，$8 \div 2=4$

我们很快会发现，那些能够被2整除的数字都是偶数。对于一个5岁的孩子来说，这些算式很简单。

不过，这种训练很容易变得单调乏味，但是我们可以变换训练的形式。例如，我们将整套木棒都拿出来，开始将1号棒放在10号棒后面，将2号棒放在9号棒后面，将3号棒放在8号棒后面，以此类推。这样一来，组合出来的木棒长度都是11。

此外，我们还可以用两根木棒组合出其他长度，如12、13……，直到20。

学过10以内的算术运算之后，再学习20以内的运算就非常容易了。对于孩子来说，十进制是唯一有难度的点，需要通过专门的课程来学习。

大于10的算术运算

在教孩子大于10的算术运算时，我们需要使用一些印有数字10的正方形卡片作为教具，其中数字10需要使用大号字体表示。同时，我们还需要一些大小是正方形卡片一半的长方形卡片，上面印着1到9这几个数字。

在教学时，我们将长方形卡片按照从数字1到数字9的顺序排成一排。然后，我们用这些长方形卡片依次盖住正方形卡片上的0，这样就得到了：11，12，13，14，15，16，17，18，19。

如果我们使用之前的木棒，分别把1号棒、2号棒、3号棒直至9号棒的长度，与10号棒的长度相加，也会得到从11到19的这些数字。

我们可以将数字卡片和木棒结合起来。例如，老师可以让孩子们先看看长方形卡片和正方形卡片组合出来的数字16，同时老师将6号棒放在10号棒下面。然后，老师拿走长方形数字卡片6，换成长方形数字卡片8压在正方形卡片的数字0上，组合出数字18。与此同时，让孩子们将6号棒换成8号棒，这样就与10号棒组成了18。

上面两组动作可以这样用算式记录：10+6=16，10+8=18。这样的方法也适用于大于10的减法。

一旦孩子们对数字有了清晰的概念，我们就可以只用卡片来进行训练，而不需要使用木棒了。

训练的顺序

孩子们通过节奏训练学
会了走路时保持优雅和平衡。

　　在实际运用一些教学方法时，我们需要清楚每种训练的顺序，这对于孩子的帮助是非常大的。

　　各种训练的顺序在本书的第一版中被清楚地列了出来。不过在实际情况中，我们可以在儿童之家同时进行多种不同的训练。

　　概括来说，我们使用的教具是有等级的。在本书的第一版中，我根据儿童之家的实际教学经验，对教具的等级给出了清晰的定义。

训练的顺序和教具的等级

第一阶段

孩子们刚进学校时，需要进行以下训练：

（1）移动座椅时不发出声音（生活实践）。

（2）将鞋带系上，将扣子系好，将衣服挂起来等。

（3）圆柱体木块训练（感觉训练）。

　　圆柱体木块训练是这些训练里面最有价值的。在这个训练中，孩子们的注意力慢慢集中起来了，第一次依靠自己进行了比较并做出了选择，同时也练习了判断。于是，他们的智力就得到了开发。

在用圆柱体木块进行训练时，从简单到困难的顺序如下：

（1）高度是相同的，但是直径递减。

（2）高度和直径都递减。

（3）直径是相同的，但是高度递减。

第二阶段

生活实践训练。起立和坐下时不发出声音，要挺起胸膛走路。

感觉训练。与维度相关的教具有木棒、棱柱体或立方体。和上面的圆柱体木块训练一样，孩子们进行感觉训练是为了认识维度，只不过训练的角度不一样。

这一阶段使用的教具都很大，比起前面的训练，这些教具之间的差别也大得多。孩子们能够凭眼睛看出这些差别。

在前面的训练中，孩子们可以通过教具发现自己犯的错误。例如，当一个教具无法放进原本不属于它的位置时，这就是一种对错误的提示。孩子们在之前的训练中都只是做一些特别简单的动作，例如坐着用手摆弄小物体等。而在进行新训练时，孩子们只有进行了更复杂、更困难的肌肉感觉训练，才能完成正确的动作。为了完善肌肉感觉，孩子们需要做出起立、跪下、搬动重物等动作。

我们在这个训练过程中发现，孩子们可以将其他教具准确地归位，却总是无法分清最大的教具和第二大的教具。事实上，所有教具都有相同程度的差异，只不过这种差异会随着教具尺寸的不断增加而变得不那么明显。例如，底面边长为1厘米的立方体变成底面边长为2厘米的立方体时，边长增加了一倍，而底面边长为9厘米的立方体变成底面边长为10厘米的立方体时，边长只增加了1/9。

从理论上来说，我们也许应该从最小的教具开始训练。在用立方体进行训练时却无法这样做，我们需要用立方体搭建一个宝塔，而且必须将最大的那个立方体放在宝塔的底部。

孩子们很喜欢这个宝塔，会饶有兴致地玩起来。我们经常会发现，一些年纪小一些的孩子一开始会把第二大的立方体放在底部。但等到他再次进行训练时，就自觉地纠正了这个错误并且不会再犯。我们由此确信，孩子已经可以通过视觉感知两个物体之间极其细微的差别了。

和维度训练相关的三套教具中有一套教具的每个部件之间的差值是10厘米，其余两套的差值为1厘米。从理论上来看，应该是差值大的那些教具更容易引起孩子的注意并且能减少出现错误的概率，但实际情况并非如此。的确，孩子们很快就被差值大的那套木块吸引住了，但他们在用这套木块进行训练的过程中犯的错误也是最多的。孩子们只有经过长时间的训练，成功消除了用另外两套木块进行训练时所犯的错误以后，才能正确地使用这套差值大的木块。也许我们可以认为，在所有维度训练中，用这套木块训练是最难的。

在完成维度训练之后，孩子们就可以将注意力集中到热觉和触觉的训练上了。

事实上，最原始的感觉就是触觉。虽然触觉器官最简单，分布也最广泛，但是教学时首先吸引孩子们注意力的感觉刺激不是触觉。

我在本书的其他部分说过，最开始训练注意力时，可以在热觉训练完成之后，给孩子们展示一些拥有粗糙或者光滑表面的物体。只要时机合适，孩子们就会对这种训练产生兴趣。要知道，这些训练可以发挥很重要的作用。因为只有经过这种训练，再结合后面要讲的手部动作训练，孩子们才能学会书写。

接下来，我们可以开始对孩子进行"颜色匹配"的训练，也就是教他们识别两种不同的颜色。这是色觉训练第一项的内容。

和维度训练一样，在色觉训练中，孩子们只能依靠眼睛来辨别颜色。这个训练起初是很简单的，但是如果孩子们想反复进行训练，就必须通过前面的训练加强自己集中注意力的能力。

到目前为止，孩子们已经学会了聆听音乐，而且会跟着老师弹奏的音乐走出一条直线。如果让孩子们重复听一段音乐，他们会渐渐随着音乐自发地做一些动作。当然，安静训练也需要不断重复。

第三阶段

感觉训练。现在，我们可以教孩子辨认不同级别的触觉和色觉等感觉刺激，并让他们自由地训练。

我们可以为孩子们呈现声音、噪声等听觉刺激，并使用不同重量的小板子实施压觉刺激。

同时，我们可以进行几何图形教学。我们还可以通过描画图形轮廓教孩子进行手部动作训练。通过这个训练、不同级别触觉刺激的感觉训练以及其他一些训练，为孩子学会书写做准备。

在孩子们获得了辨认几何图形的能力之后，就能使用画着几何图形的卡片教具了。

可以说，这些感觉训练帮孩子架起了通往书写的桥梁。

第四阶段

生活实践训练。让孩子们清洁、布置桌面，为午餐做准备。他们学会了收拾房间，还学会了保持个人卫生以及刷牙、剪指甲等。

孩子们通过节奏训练学会了走路时保持优雅和平衡。

孩子们可以控制自己的动作，包括保持安静，以及在不损坏物品且不发出任何噪声的情况下移动各种物品。

感觉训练。在这一阶段，孩子们要重复训练对各种感觉的感知。此外，我们要通过音乐钟让孩子们认识各种音乐符号。

书写训练。此时，孩子们将注意力转移到了几何图形的金属教具上。他们的手部动作已经足够协调，可以描画轮廓线了。这时，孩子们可以用铅笔替代手指，在纸上描画出金属教具的轮廓线，然后像书写时一样握着彩色铅笔给图形轮廓上色。

同时，孩子们还会进行触摸训练，并学会辨认砂纸字母。

算术训练。此时，我们会重复进行感觉训练和木棒训练，但是目的已经和之前不一样了。孩子们必须按照木棒上蓝色标记和红色标记的数目找出相同数量的物体。训练时，可以让孩子们从只有一个颜色标记的木棒开始，最后使用有十个颜色标记的木棒。除此之外，还要让孩子们进行一些更复杂的训练。

在用几何图形对孩子们进行训练时，可以先教他们识别几何图形的轮廓线，再教他们识别几何图形的轮廓。从几何图形轮廓线到几何图形轮廓，我们经过了四年的教学实践。对于教育孩子们来说，这些几何图形具有非常重要的意义，体现了蒙台梭利教育法的细节。

以上这些训练不仅可以继续帮助孩子们提升对各种感觉的感知，也能引导孩子们观察周围的环境，还帮助他们发展智力。此后，孩子们就很容易学会书写各种字母了。

在教孩子们学习书面语言时，不仅要让他们了解字母表中字母的概念，还要教他们用字母组合成词。

在算术训练时，首先教孩子们认识数字。具体的做法就是，将数字卡片放在相应的带有红蓝颜色标记的木棒旁边。接着，孩子们可以用大木钉进行训练。

同时，我们还可以要求孩子们将对应数量的物体放在数字卡片的下面。在这个过程中，我们可以让孩子们使用塞昆的排列方法，将物体排成两列，以便明确奇数和偶数。

第五阶段

在继续前面训练的基础上，我们可以让孩子们进行更复杂的节奏训练。

在进行图画训练时，我们要让孩子们学会：

（1）使用水彩。

（2）对花朵等进行自由写生。

在教孩子们用字母组合成单词或短语时，我们要让他们学会：

（1）自发地书写单词和短语。

（2）阅读老师制作的卡片。

我们可以接着前面的木棒训练来教孩子们学习算术运算。

孩子们会在这一阶段展现出非常有趣的个性差异。他们按照老师的指引，得到了非常显著的发展。

我们非常开心地看到孩子们依照潜藏的规则来发展自己的精神和人性。那些没有这种经历的人，无法体会到这种收获的快乐。

让孩子树立
纪律观念

虽然孩子们做着各种各样的工作，但是他们互不干扰，沉浸在自己的工作中，这也是一条准则。

在儿童之家，一个班级有四五十个孩子，因此与一般的学校相比，我们更需要对这些孩子强调纪律。在此，我决定分析一下通过蒙台梭利教育法在自由的基础上形成的纪律性。

安娜·马切洛尼是我的学生，她负责管理罗马的一所儿童之家。那里秩序井然，孩子们表现出来的纪律性给所有参观者都留下了深刻的印象。

在那个儿童之家，一个班有40个3～7岁的孩子。每一天，每一个孩子都专注于自己的工作，有的在进行感觉训练，有的在做算术运算，有的在认识字母，有的在画画，还有的在打扫灰尘……这些孩子们有的坐在桌边，有的坐在地毯上，有的踮起脚尖走路，只发出很轻微的响动。有时候，孩子们还会高兴地叫喊着："老师！快来看看我做的！"

虽然孩子们做着各种各样的工作，但是他们互不干扰，沉浸在自己的工作中，这也是一条准则。

老师在一旁安静地观察孩子们，她有时会轻轻地走到呼唤她的孩子身边。任何需要帮助的孩子都能感觉到老师就在自己身边，而不需要帮助的孩子完全不会注意到老师的存在。有时，几小时就这样过去了。

参观儿童之家的人称赞，孩子们都是"小大人"或者"陷入沉思的法官"。

在那里，没有一个孩子因为争夺物品而争吵。一旦有哪个孩子很好地完成了工作，其他孩子就会表现出快乐和羡慕之情。所有人都不会嫉妒别人的财富，他们只会为他人的成功而高兴。3岁的孩子也可以在7岁的孩子旁边默默地工作。

如果老师想要孩子们一起做点什么，例如让他们停止手头上的工作，只需要低声说一句话或者做个手势，就能引起孩子们的注意。他们会急切地看着老师，等待老师的命令。很多参观者都看到过这样的情形：老师在黑板上写出命令，孩子们非常高兴地按照要求去做。

不只是老师，面对其他人的要求，孩子们也会乐意执行，即使是一些细节之处也会完全照做。时常有参观者要求孩子们放下手中的画笔去唱歌。出于礼貌，孩子们会开始唱歌，但是当他们表演完之后，又会马上继续画画。偶尔有些年纪小一点的孩子会先完成自己的工作，再去做别人要求的事情。

对于孩子们表现出来的纪律性，我们在对参加蒙台梭利课程的老师进行测验的期间，发现了一个令人十分震惊的事实。这是一次实践性考试，参加测试的老师可以让孩子们按照抽签的内容完成一项指定的训练。孩子们可以一边做自己想做的事情，一边等待自己的轮次。在这种情况下，孩子们的自发性工作常常会被打断，但是一旦考试结束，他们就会立即回到自己的工作中。有一些孩子偶尔会给我们看在等待老师考试时画的画。芝加哥的乔治女士多次遇到过这种事情，而在巴黎建立了第一所儿童之家的普约尔夫人因为孩子们的耐心、坚持和亲和感到震惊。

可能有些人会认为，孩子们之所以有这样的表现，是因为他们受到了压抑。但是看得出来，这些孩子的眼神明亮，他们会诚恳地邀请访客观看他们的作品，这说明他们是心甘情愿地做这些事情的。

在儿童之家，孩子们就是主人。他们会热情地围过来，抱住老师的膝盖，让老师弯下腰，以便亲吻老师的脸颊。能看得出来，孩子们幼小的心灵一直都在自由自在地生长着。

任何人看到孩子们布置餐桌的情形都会感到非常惊讶。一些4岁大的小侍者把拿过来的刀、叉和调羹摆放在桌子上的不同位置。接着，他们又在桌子上摆好餐盘和玻璃杯。最后，他们还将盛满热汤的汤盘端到了每张桌子上。整个过程中，他们没有犯一点错误，既没有打碎玻璃杯，也没有让汤洒出来。

当人们用餐时，这些小侍者们会在一旁认真地观察，一旦发现有人喝完了汤，就会立刻添上。假如有人想吃下一道菜，他们就会迅速地送上来。这是一个非常愉快的用餐过程。

而普通的4岁孩子在做什么呢？他们会大声喊叫，损坏他们碰到的所有东西，他们需要成人的照顾。

儿童之家的孩子所表现出来的纪律性，不是通过命令、说教或者其他任何普遍意义上的纪律措施获得的，而是孩子们在努力训练的过程中获得的，依靠的是每个孩子心中的内部力量，也可以看作孩子的内部世界发生的奇迹。而在成人的生活中，只有皈依才会产生这种奇迹，例如使徒的坚持和僧侣的顺从。

通过训诫和劝告并不能获得纪律性。这些方式或许刚开始会有一点作用，但是在现实的状况下，很快就会化为泡影。

纪律的真正曙光来源于工作。恰好在某个特定的时刻，孩子工作得特别投入，我们可以从他的面部表情、注意力和对同一种练习的坚持中看出来。这就是纪律性的表现。不管孩子是在进行感觉训练、系扣子或鞋带，还是在洗盘子，我们都可以从他们身上看到纪律性。

我们也可以对孩子施加一些影响，让孩子的纪律性表现得更持久，例如重复保持安静的训练。首先，要求孩子静止不动，将注意力集中于远处传来的轻声呼唤。然后，要求孩子协调好动作，避免碰到桌椅，并且要踮起脚尖走路。这种训练十分有效，能够帮助孩子发展个性、运动神经力量且增强心智、纪律性。

在孩子获得纪律性之前，他们必须能够做出一系列完善的动作。要想达到这个目标，需要孩子通过各种工作自觉地实现。这些工作不是随意去做的，而应该是孩子本能想做的，也就是说要带有人类潜在的自然倾向，使人可以一步步地向前发展。

通过这些工作，孩子的个性变得有条理，也拥有了无限发展的可能性。举个例子，孩子运动时总是表现得不太协调，比如他会摔倒，或者姿势很古怪，又或者会大喊大叫等。但其实孩子的内心潜藏着让动作变得协调的本能，而自此以后，孩子的动作也的确会慢慢变得协调。

我们常常会看到婴儿缺乏自控能力，这是一种肌肉纪律的缺乏。婴儿还没有掌控自己身体不同肌肉的运动，无法运用言语器官，但是最终这些运动都会被建立起来。只是目前来说，婴儿身体的肌肉还处于一个充满错误的试误阶段，它正在努力地协调身体的各种运动。告诉一个婴儿"像我一样站着，保持静止不动"不会起到任何作用，命令无法帮助正在发展中的需要建立秩序的肌肉系统。

在帮助孩子形成纪律性时，我们要促进他们自觉行为的自然发展。因此，我们必须教他们如何协调好自己的动作，并让他们反复训练，让这些动作一步步发展下去。通过这样的方式，孩子们学会控制自己的肌肉。最初，孩子们只会被动地成为好孩子，而当他们拥有自控的能力之后，就会不断地完善自我，实现大的飞跃，获得真正的自律。

这样一来，孩子就变得更有自主性，不再需要一直有人给他提供帮助，也不需要有人告诉他："安静下来！做个好孩子！"事实上，孩子的安静和好是由他们不断完善的自我和有序的外部行为构成的，而不是外部的命令强加给他们的。

工作会让孩子的精神性得到发展，拥有更高精神发展层次的孩子会将工作完成得更好，而孩子会因此更加开心，也就更乐于

继续发展精神性。在工作中，孩子获得了精神觉醒和快乐，这些使他们身体内部形成了蕴藏着甜蜜和力量的宝库。

除了运动和有用的动作以外，孩子还通过工作学会了保持优雅的姿态。这样他们就更有吸引力了，双手变得更加灵巧，身体的平衡能力也增强了，他们对自己充满了信心。

很显然，孩子的动作是一点一点地自发变得协调的，这是通过孩子自发选择的训练来实现的。和无序动作比起来，协调动作更省力。对于肌肉来说，协调运动才是真正的休息，这是由运动的本质决定的。就好比对肺来说，真正的休息就是有节奏地呼吸空气。假如肌肉不运动，肌肉的自然运动神经冲动就会消失，这不仅会导致肌肉疲劳，还会使肌肉退化。所以我们必须牢记，休息就是遵照人体内部隐藏的自然规律进行运动，这是一种智慧的运动方式。人在运动时使用了越多的智慧，就越容易保持平静。

如果孩子的运动方式是无序的，那么其神经力量会很紧张。但是借助智慧的运动方式，孩子的神经力量可以不断增长，进而让孩子感受到真正的满足以及自我征服的骄傲。这种"神经力量的增长"可以保证孩子身体的健康发展。

同样的道理，虽然孩子的智力发展看起来是无序的，但其实也是在"寻求有序"。一般这个目标会通过反复的实践得以实现，不过偶尔也会遭受阻碍。

我曾经在罗马的平西亚花园中看见过一个一岁半左右的漂亮小男孩，当时他正低着头用一把小铲子将沙子铲到桶里。小男孩身旁有一个保姆，看得出来她很喜欢这个孩子，并且觉得自己给孩子的照顾是最慈爱、最明智的。

大概是要回家了，保姆耐心地劝说孩子，希望他放下手中的工作并回到婴儿车里。当保姆发现自己的劝说无效时，她就用沙子填满了小桶，接着把孩子和小桶都放进了婴儿车里。这个保姆或许认为，她主动用沙子填满小桶，就是给了孩子想要的东西。

结果，孩子大喊大叫起来，脸上也流露出了不满，我对此印象深刻。保姆的做法对孩子刚萌发的智慧的打击太大了！孩子想要的并不是装满沙子的小桶，而是希望通过自己装沙子的动作来实现自我发展。对于孩子说来，生命的需求和发展才是真实的，丰富多彩的外部世界则是虚幻的。

其实，假如我们允许这个孩子装满小桶，他可能会倒空之后再继续装，直到他的内部自我得到满足为止。

在生活中，发生在这个孩子身上的一幕也常常出现在其他孩子身上，哪怕是最优秀和最受宠爱的孩子也可能会遇到这样的事情。**成人之所以无法理解孩子，是因为他们总是用自己的标准来判断孩子的行为：他们觉得孩子希望得到某些具体的物体，并且也愿意在这种错误观念的指导下帮助孩子。但孩子想要的却是满足自我发展的需求。例如，孩子希望自己可以将衣服穿得整整齐齐、自己洗澡、自己整理房间。孩子真正的快乐就源自自我发展。**

平西亚花园中的那个孩子就是如此：他想要协调自己的动

作，通过装沙子的活动来训练自己的肌肉、双眼的目测能力、智力的推理能力等。

学校教育也是如此，老师常常异想天开地认为，学生的愿望就是获取知识。但如果老师只是给学生灌输知识，就会对学生的自我发展造成阻碍，这不利于学生的成长。

对孩子来说，学点什么只是开始。当孩子明白了这种训练的含义之后，就会开心地反复训练，并因此获得明显的满足感。孩子之所以愿意这样做，是因为他们能通过这种方式完善自己的心灵活动。

与成人不同的是，孩子第一次做某件事时通常很慢。包括穿脱衣服、整理房间、洗澡、布置餐桌、吃东西等，孩子们都可以缓慢而耐心地去做，克服发展中的机体给他们带来的重重困难。然而，我们成人却自以为孩子们把时间浪费在了那些可以轻松、迅速完成的事情上。这种错误观念促使我们自己动手给孩子洗澡、穿衣服、帮孩子布置餐桌等。除此之外，我们还持有一种偏见，那就是认为孩子是无能且懒惰的。

成人所谓的孩子没有耐心，其实只是由于成人与孩子的时间法则不同，成人没有耐心等待孩子按照自己的规则和节奏去完成那些事情。我们将孩子称为"暴君"，事实上是我们在对孩子施以暴政。**其实，孩子们耐心十足，并且是无比温顺的。**

当孩子们感受到冒犯时，会奋起反抗。我们应当服从孩子内心的冲动，因为这是自然本质的呼唤。如果这些本质被压制了，孩子就会表现出大声喊叫、不停哭闹等暴力行为。这时，孩子在成人眼中就成了"淘气的反叛者"，而实际上他们在向那些不理解自己的人发出抗议，反抗那些帮倒忙的人。这样的事情一直在孩子和成人之间发生着。

在反复进行训练的过程中，孩子的感觉可以得到训练。这是一种真正的智力体操，可以在各种教具的理性引导下促进孩子智力的形成与发展，就像持续的锻炼能够让身体更健康一样。孩子的各种感觉都通过不同的外部刺激得到了训练，孩子的注意力也变得集中了，并且开始进行大脑活动。这种智力体操不只是心理—感觉性的，还可以帮助孩子积累理性知识及发展智力。

重复的训练促使孩子对周围的世界进行观察和思考。在探索外部世界的新事物的过程中，孩子发展和完善日益复杂的意识，并由此获得快乐和满足。

有一次我看到了医学院同事的儿子，他只有2岁。这个孩子挣脱母亲的怀抱，爬到父亲桌上一大堆杂物旁边，研究起长方形的书写板和圆形的墨水瓶盖等物品。这个情景让我想到了儿童之家的孩子们，他们尝试过不同的训练，并且对于这些训练都表现出了极大的兴趣。

但这时，孩子的母亲将孩子抱起来，并且斥责他，告诉他不能玩父亲的办公用品，还对我说："这个孩子太淘气了，完全停不下来。"

我们经常会因为孩子在被告诫之后依然我行我素而斥责他

们。现在，是时候对孩子的这种"拿起所有东西"的自然本能进行引导和发展了。

孩子会对书写板和墨水瓶盖等物品感兴趣，并且想要探索它们，但是成人总会阻止孩子。成人认为，孩子应该保持安静。这种观点真的是大错特错。**成人眼中孩子的"淘气"行为，其实是孩子想努力发展自己心智的表现。**

在儿童之家，孩子们可以自由地用自己喜欢的教具来进行相关的训练。他们不受约束，沉浸在精神安宁中，并未注意到自己的眼睛和双手正在将自己带往一个神秘的新天地。

大部分孩子在完成这些训练以后会变得十分安静，因为他们的神经系统正在休息。但是，这种安静不等于自律，安静只是身体的表象，只是将孩子内部正在发展的一部分自律展现了出来。

我们通常还认为要给孩子下命令，要培养出"听话的孩子"，这也是错误的。我们几乎不可能通过命令或暴力获得纪律性。其实，"听话"应该是自发出现的，因为这是人类最强大的本能之一。听话也就是服从。**真正的服从是心智或者个性发展成熟的表现。一个人怀有服从的心愿还不够，他还应该知道怎样去服从。**

我们应该让孩子通过训练间接地学会服从。本书中的所有方法都可以锻炼意志力。无论孩子是在完成有特定目的的协调动作，还是在做他自己想做的事情，或者是在耐心地反复训练，他都在锻炼自己的意志力。

同时，通过一系列复杂的训练，孩子也获得了自我抑制的能力。例如，在保持安静的训练中，孩子就必须长时间地抑制自己的某些动作：等待点名、被点名后控制自己的兴奋、小心地跑向老师等。这一切的行为都需要孩子通过意志力控制。

算术训练也可以训练意志力。孩子必须按照卡片上的数字拿走相应数量的物品。事实证明，孩子总是想拿得更多。这就是在训练他们控制自己的能力。假如孩子正好抽到了数字0，那就只能空着手，耐心地坐着。

教孩子认识0也可以训练他们的意志力。如果让一个孩子到我这里0次或者亲吻我0下，他就必须抑制自己，一动不动地站在原地。我们会发现，他正在努力地"服从"命令。

如果一个孩子负责将盛满汤的汤盘端上桌，他就必须让自己与那些可能扰乱他的外部刺激隔离。在这个过程中，那些想要走掉的冲动以及想赶走眼前的苍蝇的冲动，全都被他自己抑制住了。

有一个四岁半的孩子，他经常蹦蹦跳跳的。可是轮到他负责将汤盘端到桌子上时，就会控制自己走得很沉稳。尽管他很想去玩，但在把汤送到桌子上之前，他会时刻保持警惕，不会放松自己的动作。

孩子的意志力可以通过训练发展。一般人可能认为，孩子们进行这些训练时，是在学习优雅和准确的动作，是在发展感觉，是在练习书写和阅读。但从更深层次的意义来看，孩子们是在学

习成为自己的主人，做一个思维敏捷且意志坚强的人。

经常会有人说，应该"破坏"孩子们的意志，让他们学会服从成人的意志。这个观点不仅不公正，也毫无道理可言，因为孩子绝不会放弃自己所拥有的东西。让孩子服从成人的意志，只会阻碍他们意志力的发展。

成人的暴政会让孩子变得胆怯和无法完善意志力。如果成人经常有意无意地责骂孩子，孩子会出现诸如说谎、心理障碍等病态性后果。

儿童之家的孩子从不胆怯。他们总是坦率待人，坦率行事，还把自己的作品毫无保留地展现出来，并且因此赢得别人的喜爱。而那些因为受到成人的压制而变得胆怯的孩子，他们的意志力没有得到充分的发展，就很难表现出这种坦率。这种现象说明了成人的无知和残暴使孩子们被人工压制成了"小矮人"。

事实上，在所有的教育学会议上都有人提到，学生们缺乏个性就是现在这个时代最大的危险。但他们没有提到的是，这种状况正是由于学生接受了错误的教育，精神和心灵遭到了奴役而造成的。要想改变这种状况，最简单的办法就是让学生重新获得人性的发展。除了促进孩子的意志力发展，还要通过训练让孩子获得执行和服从的能力。

我的学生安娜·马切洛尼做过一个相当有趣的观察：把孩子的服从和"学会如何服从"关联起来。**只要孩子形成了个性，服从就变成了潜在的本能。**例如，孩子在尝试某些训练时，在某一时刻突然获得成功。此时，孩子会高兴地再来一遍，然而并不是每次重复都会成功。

当孩子反复训练后会出现以下状况：只要孩子是自愿重复训练的，基本上每次都会成功；但如果孩子是因为别人的要求而重复训练，就会出错。外部命令和自觉行为的结果不一定是一致的。

当然，如果孩子每次重复训练时都会成功，那就说明他具备了很强的执行某种操作的能力。无论是自觉行为还是外部命令，孩子都可以执行接收到的命令。

在永久地获得执行某种操作的能力之前，孩子的发展分为三个阶段。第一，潜意识阶段。孩子会有一种隐秘的内部冲动，于无序中创造出有序，并作为一种外在行为结果表现出来。但这种行为是无意识的，因此不能自由地进行重复。第二，意识阶段。在行为动作形成和发展的过程中，孩子出现了某些有意识性的行为。第三，意志阶段。孩子可以在意志力的指引下做出某些行为，并且可以积极地回应他人的命令。

孩子学会服从也分为三个阶段。第一，精神混乱阶段。孩子如同丧失了心智一样，什么命令都听不进去，不会服从任何人和事。第二，愿意服从阶段。孩子表面上回应了命令，但并不能理解所有的命令。他们不能迅速地执行命令，也感受不到任何快乐。第三，理解执行阶段。孩子能迅速并热情地服从命令。通过训练，他们越来越熟练，对自己学会了服从感到骄傲。

孩子们都乐于服从，即使再小的要求，只要是他们感兴趣的，就会立即执行。服从让他们进入了其他人的精神世界，不再感到孤独。

因为有序，这些纪律现象和精神发展才能进行下去。而这种有序来源于最初紊乱的意识。人的头脑会从混乱逐步变得有序，就如同"把白天和黑夜截然分开"一样，情绪和精神出现了。

孩子的头脑中不仅有自己通过努力获得的情绪和精神，还有慈爱、和蔼以及热爱正义等精神生活的天赋。**孩子心灵的美好通过这些天赋展现出来，并发展出了友爱、欢乐、祥和、忍耐、善良、忠诚和温顺等高尚品质。**

孩子们带着快乐、平和的心境行善，而且勤奋到令人惊讶。他们走在通往正直的道路上，因为这是实现真正的自我发展的唯一途径。沿途收获的纯朴心灵和祥和的精神果实也让孩子们获得了享受。

以上就是我们培养孩子纪律性的教育方法。在这里，老师的批评和说教被孩子们合理的工作和自由取代了，所有人都在工作和自由这两条道路上获得了进步。

结论

所有孩子都是在内部力量的指引下，依靠自己的力量来发展自我的，他们已经拥有了独特的个性。

Chapter 19

在儿童之家，老师不会像旧式学校里那样，为了维持纪律而不停地喊话，最后导致自己精疲力竭。

我们用教具取代了喊话，教具可以提示错误，这样每个孩子都能够进行自我训练。老师也不再是一种被动的存在，而是孩子们自发工作的指导者。

每个孩子做的事情都不一样，老师可以在一旁观察孩子。如果老师能按照科学的标准收集和整理孩子的行为和表现，将会对重建儿童心理学和发展实验心理学做出贡献。

我认为，蒙台梭利教育法使得发展科学教育学具备了必要条件。任何运用了我的方法的人，都是在进行教学实践。

这本书是我独自编纂的，但我希望所有人都来使用它。我希望其他教育工作者也能在未来将他们的实验结果编写成教育学书。

从现实角度来说，蒙台梭利教育法拥有一个优势：可以让所有年龄段的孩子在一个教室里接受教育。在儿童之家，有些孩子只有两岁半，就连最简单的感觉训练都无法进行，但那些五岁半的孩子已经通过训练获得了和小学三年级的学生相当的能力。**所有孩子都是在内部力量的指引下，依靠自己的力量来发展自我的，他们已经拥有了独特的个性。**

蒙台梭利教育法的另一个优势是便于在农村教学，特别适合乡村里的学校。偏僻乡村的学校通常只有一位老师，他需要同时为所有年级的学生上课。我们的实际经验证明，一位老师可以同时指导从3岁到小学三年级等不同年龄的孩子。此外，通过我的教学方法，孩子会很容易学会书写，这样就能让所有人都学会自己的母语，达到消除文盲的目的。

老师如果使用我的教学方法，那么可以像妈妈在家同时照顾不同年龄的孩子一样教孩子，即使在发展水平各异的孩子们中间待上一整天，也不会感到疲劳。

孩子们通过工作可以获得纪律性和独立生活的能力。老师充满智慧地关注着孩子们的身体发展和智力、道德的进步，给予孩子们适当的指导，由此可以让孩子们的身体获得巨大的发展。与此同时，孩子们还能够发展出人类特有的完美精神性。

不能只对孩子进行纯粹的身体教育，他们的精神也需要发展和完善，这是因为精神的力量会主导人的一生。

蒙台梭利教育法也考虑到了孩子自发的精神发展需求，而且会通过某种方式来帮助孩子实现精神发展。观察和实验证明，我们的方式是明智的。假如身体上的照顾能让孩子身体健康并因此感受到快乐，那么智力和道德上的照顾也会让孩子拥有精神上的快乐，孩子会进入一个充满惊喜和发现的世界。

很明显，儿童之家的孩子和那些成长在普通学校的孩子是不同的。我们的孩子单纯、幸福、直率、开放，他们认为自己是自己的主人。

当有参观者来儿童之家时，孩子们会一边说着甜蜜的话语，一边用文雅而庄重的姿势伸出自己的小手以示友好。他们还会充满信心地展现自己的作品和才能，仿佛想得到所有参观者的称赞。这个时候，孩子们明亮的眼神和欢快的声音表明，他们真的是有修养的"小大人"了。这让我们深受感动，我们仿佛已经触碰到了孩子的心灵。

似乎每个人都被儿童之家施加了某种精神性的影响。一些著名的政治家和外交家通常因为贸易和国务问题而忧心忡忡，但是一来到儿童之家，他们就如同脱掉沉重的外套一样抛开了外部世界的负担，进入了忘我的状态。这种发展人类本性的情景吸引了这些来访者。

孩子的人性比成人的更高级，我想这就是为什么这些政治家和外交家会称呼这些孩子为幸福的孩子。

英国诗人沃德沃斯沉迷于大自然，并且希望找出大自然安宁而美丽的秘密。最终他发现，大自然的秘密存在于孩子的心灵之中。沃德沃斯掌握了人生的意义。然而，这种"存在于孩子身上"的美丽开始变得模糊，甚至消失了。

　　的确，社会生活充满了黑暗，大自然也渐渐远离了我们。而蒙台梭利教育法的目标就是保护人类的真实本性不被破坏，并且将这种本性从压抑中解放出来。